경계를 넘어 통합을 이루려는 자를 위해

문명전환기에
지도자가 갖추어야 할 비전과 지혜

경계를 넘어 통합을 보다

서동석 지음

에머슨, 역(易), 성현(聖賢)의
통찰력으로 세상 조율하기

에머슨하우스
교육연구소

군자가 덕을 쌓아가고 학업을 닦는 것은
시대에 맞게 하고자 함이다.

공자(孔子)

일러두기

이 책의 내용은 필자가 그동안 쓴 책에서 주로 참고하고 재인용했습니다. 에머슨에 관한 내용은 《에머슨, 조화와 균형의 삶》, 《에머슨 인생학》, 그리고 에머슨 산문 번역집인 《자연》에서, 주역은 《주역 인생전략》에서, 그리고 성인(聖人)의 말씀은 《공자노자석가예수를 관통하는 진리》와 《밥》에서, 그리고 인간교육 방법론은 《나답게 사는 법》, 《나는 좋은 부모인가》, 《삶의 만족은 어디에서 오는가》, 그리고 《인문학으로 풀어 쓴 건강》에서 참고, 재인용하고 저자명이나 원제목만 밝혔습니다. 《성경》의 인용은 천주교와 개신교가 공동 번역한 것을 그대로 인용했으며, 구체적인 장과 절을 밝혔습니다. 그 외에 일반적인 내용은 저자명이나 작품명만 밝혔습니다.

차례

프롤로그
문명 대전환

21세기로 접어들어 많은 미래학자, 사상가들이 새로운 문명에 대해 얘기하고 있고, 실제로 많은 변화들이 일어나고 있습니다. 일반 대중들은 새로운 시대를 어떻게 생각하는지 궁금합니다.

19세기 미국의 사상가이자 문인인 에머슨도 세기말의 상황에서 새로운 세상에 대해 깊이 고민했습니다. 그의 산문 〈운명〉은 이러한 고민의 결과로 나온 것입니다. 그의 지적처럼, 시대의 문제는 결국 어떻게 살 것인가로 귀결된다고 볼 수 있습니다. 아무리 큰 문제도 결국 자신의 문제로 귀결되기 때문입니다. 그런데 삶의 문제를 성찰하기 위해서는, 먼저 내가 누구인가를 성찰하지 않을 수 없습니다.

문제는 여기에 있습니다. 나는 나를 볼 수 없습니다. 나를 성찰하고 싶지만, 나를 제대로 볼 수 없습니다. 단순히 거울에 비친 나는 나의 모습을 전부 보여주지 않습니다. 자신이 자신을 가장 잘 안다는 말이 있지만, 실제로 그런가요? 대부분 그렇지 않습니다. 그래서 소크라테스가 "네 자신을 알라."고 일침을 놓은 것이죠. 그렇다면 나는 누구일까요?

나를 정확히 아는 것이 내 삶의 신비를 풀고, 동시에 이 시대의 문제를 해결하는 핵심 열쇠가 됩니다.

나는 비록 나를 볼 수 없지만, 나와 상대하는 외부의 모든 것은 보거나 느낄 수 있습니다. 그래서 동양에서는 전통적으로 태어난 연월일시의 천간과 지지, 즉 팔자(八字)로 사람의 운명을 보고 있습니다. 내가 태어난 천지인(天地人)의 객관적 변화요소를 살피고 길흉을 판단하는 것이죠.

사주팔자를 서양의 과학적 시각으로 풀어보면, 결국 사람은 자신이 태어난 시대, 공간, 그리고 사람들의 관계망에 의해 자신의 모습과 삶이 결정된다고 해석할 수 있습니다.

에머슨은 운명을 자신을 압제하는 환경이라고 보았습니다. 이것은 동양의 운명론과 크게 보면 같은 맥락이라고 볼 수 있습니다. 나의 운명은 내가 마주하는 환경, 즉 대상이라고 한마디로 정의할 수 있습니다. 그 대상은 유형, 무형의 인과의 사슬로 엮어져 있고, 내가 어떻게 대하느냐에 따라 대상의 모습은 달라질 것이기 때문입니다.

자 그럼, 우리가 사는 세상을 한번 돌아보시죠.

지금 세상은 새로운 차원으로 진입하는 단계에 있습니다. 마치 놀이동산에서 청룡열차를 타는 느낌입니다. 처음에는 고개를 향해 천천히 올라갑니다. 하지만 변화의 추세가 임계점을 넘어가는 순간, 패러다임의 전환이 굉장히 빠르게 진행될 것입니다. 만약 이때 아무런 대비 없이 새로운 세상을 맞이한다면, 어떻게 될까요?

놀이기구에서는 짜릿한 스릴을 느낄지도 모르겠습니다. 그러나 현실은 그리 낭만적이지 않습니다. 변화에 준비가 안 된 사람들은 정신을 못 차리게 될 것이 분명합니다. 단순히 정신의 문제가 아니라 생존의 문제와 직결되기 때문에, 문제가 심각합니다. 사회변화는 생활방식의 변화를 초래하고, 생활방식이 변하면 경제구조도 바뀌기 마련이기 때문입니다.

문명 대전환의 상황이 우리가 처한 현실입니다. 코로나 팬데믹 상황과 인공지능기술의 발달로 미래사회의 모습을 대부분 막연히 느끼고는 있습니다. 하지만 새로운 세상이 어떻게 전개될 것인지 구체적으로 실감하는 사람은 그리 많지 않습니다.

문명 대전환의 경계에서, 우리는 어찌해야 하나요? 다시 원점으로 돌아가서 생각해볼 수밖에 없습니다.

우리가 갈 방향을 정하기 위해서는, 우선 우리 자신을 돌아볼 필요가 있습니다. 우리가 살아온 시대와 공간을 통찰하고, 동시에 현재 우리가 어떻게 살고 있는가를 성찰해야 합니다.

그렇다면 현재 우리의 현실은 어떤가요?

한강의 기적으로 불리는 경제발전을 이룬 것은 높이 평가할 만합니다. 그러나 그 과정에서 부작용도 만만치 않았습니다. 지나치게 빠른 성장으로 우리가 미처 돌보지 못한 것들이 많습니다. 해방 이후 남북전쟁을 겪고 폐허에서 지금과 같은 발전을 이룬데 70여년 정도 밖에 되지 않았습니다.

서양이 몇백 년 동안 이룬 업적을 단지 1세기도 안 되어 성취했기 때문에, 사회 곳곳에서 균형이 무너졌습니다. 경제뿐만 아니라 정치, 교육, 종교 등 모든 영역에서 계층 간 불균형으로 사회적 모순과 갈등이 최고조에 달하고 있습니다.

현재의 문제는 그 원인이 복합적으로 얽혀 있어서, 어떤 특정한 원인을 해결해도 갈등구조가 완전히 해소되지 않는 데 있습니다. 사회적 불균형을 해소하기 위한 몸부림이 더욱 더 사회의 질서와 소통을 막는 결과를 가져오고 있는 실정입니다.

더욱이 문명전환기에는 사회적 불만이 사회적 강자와 약자 모두에게 있는 상황이 되기 때문에, 균형을 잡기 매우 힘듭니다. 산업의 패러다임이 폐쇄형 산업에서 개방형 산업으로 변해가면서, 기득권도 안심할 수 없는 사업 환경에 몰릴 수밖에 없습니다. 또한 근로소득으로 먹고사는 노동자들도 현재의 근로환경을 계속 보장받을 수 없는 상황입니다. 어느 누구도 안심할 수 없는 구조가 된 것입니다.

우리에게 당면한 과제는 삶의 모순과 갈등을 조율하고 미래로 나아가는 데 있습니다. 인류 역사상 수많은 사회 이론과 철학이 사회문제를 해결하는 방안을 제시했지만, 대부분 특수한 시대와 공간에서 적합한 것이었습니다. 일시적이고 부분적인 해결이 될지 모르지만, 근본적인 문제 해결은 되지 않았습니다.

문명의 전환기에 있는 우리는 부분과 전체를 함께 조율할 필요가 있습니다. 이 점에서. 본서에서는 모든 사상과 이론을 관통하는 원칙과 그 변통에 초점을 두고, 더불어 현상에 가려진 이면을 동시에 고찰하고자 합니다. 삶의 모순을 성찰하는 데는 역(易)의 가르침이 매우 유효합니다.

양극적 모순을 조율하는 문제에 대해 과거의 성인과 현자들은 이미 해답을 제시하고 있습니다. 그것은 바로 황금률이라고 하는 중도(中道)입니다. 물론 중도가 구현되는 방식은 삶의 현실마다 다릅니다.

따라서 이상과 현실을 꿰뚫어보고 구현하는 실용적인 지혜가 필요합니다.

온고이지신(溫故而知新)이라는 말이 있듯이, 우리는 과거의 궤적을 통해 우리가 나아갈 방향을 미리 예상할 수 있습니다. 과거라는 것이 꼭 우리의 과거만을 의미하지 않습니다. 문명의 융합이라는 측면에서 우리는 미국의 성립과정에서 미래사회를 대비하는 지혜를 얻을 수 있습니다.

그중에서도 이 책에서는 특히 미국의 정신이라고 하는 에머슨(Ralph Waldo Emerson)의 사상과 행적을 통해 우리의 상황을 조명하고 새로운 시대정신을 제시하고 있습니다. 에머슨이 살던 19세기 미국은 현재 한국의 상황과 유사합니다. 당시 미국은 독립전쟁 이후 남북전쟁과 급격한 산업화 등으로 양극화가 심화되던 시기였습니다.

따라서 국가의 정체성을 바로 세우고 분열된 국민을 통합하는 새로운 미국의 정신을 제시할 사람이 필요하던 때였습니다. 이 시기에 에머슨은 사회의 다양한 가치와 갈등을 하나로 융합하는 미국의 정신을 제시한 인물입니다. 그래서 미국의 대표적인 비평가인 로렌스 뷰얼(Lawrence Buell)은 에머슨의 정신을 미국의 정신이라고 평가하고 있습니다.

미국은 대국(大國)으로 발전할 수 있는 지정학적인 요건과 시대의 흐름을 타고났습니다. 여기에 더불어 세계 각국에서 몰려든 이민자들로 구성된 미국을 하나의 생명공동체로 통합할 수 있는 새로운 정신을 에머슨이 제시했습니다. 역(易)의 관점에서 보면, 19세기에 이르러 미국은 천지인삼재(天地人三才)를 모두 갖춘 셈입니다. 다양성과 통일성을 모두 수용할 수 있는 탄력적인 통합정신을 갖춘 미국은 이후 전 세계의 인재들을 끌어모으고, 세계 최강대국으로 성장할 수 있었습니다.

대한민국도 여러 가지 면에서 미국과 비슷합니다. 수천 년의 역사를 지닌 민족이라는 자긍심도 많지만, 한때 나라를 잃고 민족정신이 사라질 위기에 있었습니다. 다행히 일제강점기와 남북전쟁의 시련을 극복하고, 짧은 기간에 경제를 선진국 대열에 합류할 수 있는 수준으로 높였습니다. 하지만 그사이 벌어진 사회의 빈부 격차로 우리 사회는 현재 매우 혼란합니다. 모든 사회 영역에서 신구(新舊) 세력 간의 갈등이 격화되어 있습니다.

무엇보다 근본적인 문제는 양쪽 모두 여러 가지 면에서 진실하지 않다는 것입니다. 둘 다 자기 합리화와 이익을 위해 대의명분을 내세우고 있을 뿐입니다. 물론 모든 것이 그렇지는 않습니다만, 서로 간의 싸움이 지나쳐 진실은 사라지고 감정싸움만 남은 것 같습니다. 때문에 무엇보다 계층 간의 싸움을 화해시키고, 국민을 통합하는 정신이 무엇보다 필요한 시점입니다.

현재 우리나라는 국민을 통합해서 세계 문명을 선도할 국가로 웅비할 수도 있고, 반대로 내부의 싸움으로 저 밑바닥으로 추락할 수도 있는 경계선 상에 있습니다. 경계를 넘어 통합으로 가는 성현(聖賢)의 지혜에 귀 기울일 필요가 있는 시점입니다. 성인의 말씀에서 변화의 지혜를 얻는 것이 가장 현명합니다.

그런 의미에서, 역경(易經)의 한 갈래인 주역(周易)은 변화의 시기에 곱씹어볼 내용이 많이 있습니다. 수천 년 동안, 어쩌면 그 이상, 인류의 경험과 지혜를 가장 농축해놓은 것이 역경입니다. 공자도 주역을 통해 세상의 변화이치를 깨달은 사실을 보면, 주역의 농축된 지혜는 성인(聖人)의 정신이라고 해도 무방합니다. 비록 암호 같은 말이 많지만, 공자의 해설을 참고하면, 주역에서 우리는 변화의 지혜를 얻을 수 있습니다.

우리는 사회가 직면한 문제들을 언제까지 피할 수만은 없습니다. 피할 수 없다면, 당당히 맞서서 위기를 기회로 승화시켜야 하겠습니다. 다행히 동서 문명통합의 산고를 겪으면서 현재의 초거대국가로 발전한 미국이 문명의 대전환 시기에 우리에게는 좋은 사례가 될 수 있습니다. 다만 미국의 발전과정에서 제기된 여러 가지 문제점들은 반면교사로 삼아야겠습니다.

시대와 공간의 경계에서, 이념과 현실의 장벽을 넘어 세상을 통합하는 에머슨의 지혜와 더불어 그 지혜의 핵심인 중도의 정신을 역(易)과 성현(聖賢)들의 말씀을 통해 함께 생각하는 시간을 갖고자 합니다.

미래사회에 대한 대비가 전혀 없다면, 짙은 어둠 속에서 낭떠러지 옆길을 걷는 것과 같습니다. 우리는 성현의 지혜를 등불로 삼아야겠습니다.

이 책은 문명전환기에 지도자가 갖추어야 할 비전과 지혜에 관해 논의하고 있습니다. 그러나 단순한 논의가 아니라, 우리 사회의 모순과 갈등을 균형 있게 조율하고, 문명 대전환의 위기를 기회로 승화시킬 수 있는 실질적인 대안, 구체적인 정책, 미래 사업방안을 제시하고 있습니다. 각 분야의 지도자들이 참고하고, 국가발전과 세계평화에 기여하길 바랍니다.

2022년 새해 벽두에
에머슨하우스 교육연구소에서
서동석

01

콩코드의 현인(賢人),
에머슨과 동서의 융합

01

콩코드의 현인(賢人),
에머슨과 동서의 융합

지구는 둥그니까 자꾸 걸어나가면
온 세상 어린이를 다 만나고 오겠네.〈앞으로〉

우리에게 친숙한 〈앞으로〉라는 동요의 가사 일부분입니다. 가사의 내용은 매우 간단하지만, 그것이 담고 있는 의미는 상당히 깊고 큽니다. 고대에는 지구가 둥글다는 개념이 사람들에게 일반화되지 않았습니다. 불과 몇백 년 전까지만 해도 대부분의 사람들은 세상이 평평한 것으로 생각했습니다.

중세까지도 서양에서는 우주가 고정되어 있다고 생각했습니다. 갈릴레이(Galileo Galilei)가 지동설을 주장했다가 종교재판에 회부된 일은 역사적으로 유명한 사건입니다. 우주와 세계를 보는 새로운 시각은 단순히 그 당시의 종교적인 믿음을 흔드는 것으로 끝나지 않습니다.
과거에는 정치와 종교가 긴밀하게 결합되어 있었습니다. 고정된 세계관은 위계질서의 안정된 틀 속에서 군주에게 신의 대리자로서의 권위와 권력을 갖게 해주었습니다. 때문에 중세 유럽의 전통적인 우주관을 뒤엎는 지동설은 신을 대표하는 왕 중심의 봉건주의 체제를 위협하는 파괴력을 지닐 수 있었습니다. 새로운 관점은 구시대의 가치체계를 뒤엎기 때문입니다. 이 점은 내용과 형식만 다를 뿐 우리에게도 그대로 적용됩니다.

한편 고대 우리 선조들은 천지인(天地人)을 원방각(圓方角)으로 인식했습니다. 하늘은 둥글고, 땅은 네모지고, 인간은 각을 이루고 있습니다. 여기서 방(方)의 의미는 본래 단순히 동서남북으로 네모진 것을 의미하지는 않지만, 일반인들에게는 네모진 것으로 인식되었습니다.

보편적 인식에서, 지구를 평면으로 보는 데는 동서양을 막론하고 크게 다르지 않았던 것 같습니다. 지구가 둥글다는 개념이 일반화되지 않았기 때문에, 대부분 주어진 환경의 위계질서 속에 갇혀 살았습니다.

일생을 제한된 공간 속에서 산다고 생각해 보세요.

닫힌 공간 안에서 생존하기 위해서는 상하좌우의 격식과 지위를 따져야 할 것입니다. 또한 제한된 물자의 생산과 분배를 생각하지 않을 수 없습니다. 사회의 풍속과 위계질서가 다르고, 지역의 환경과 자원이 차이가 있기 때문에, 지역, 계층, 나라 사이에서 모순과 갈등이 많을 수밖에 없었습니다.

대표적인 예를 일본문화에서 찾을 수 있습니다. 한때 우리는 일본의 문화를 동경한 적이 있습니다. 엄격한 질서를 존중하는 일본의 와

㉾(和) 문화는 한 분야의 전문가 집안을 형성하는 장점도 있었지만, 사회의 흐름과 소통을 막는 결과를 초래했습니다. 그들이 자랑하는 질서가 너무 오랫동안 경직되었기 때문입니다. 더욱이 사무라이 조직이 새로운 질서를 만들고자 하는 사람들을 가차 없이 처단해왔습니다. 일본문화를 지탱한 것은 사실 질서 속에 감추어진 살벌함이었던 것입니다. 이것은 일본만의 문제가 아닙니다.

이처럼 사회가 부패하는 원인은 근본적으로 폐쇄적인 사회와 지배계층의 닫힌 세계관에 있습니다. 닫힌 구조에서는 탈출구가 없습니다. 피할 곳이 있다면, 싸울 일이 있더라도 피하면 됩니다.

미국에서 그나마 자유민주주의가 잘 발달한 것은 광활한 지리적 요인과 무관하지 않습니다. 서부개척 당시 미국을 그린 영화 〈파 앤드 어웨이(Far And Away)〉에서 볼 수 있는 것처럼, 끝없이 펼쳐진 신대륙 미국은 사람들에게 자유롭게 살 수 있는 터전과 자유정신을 마련해주었습니다.

세상을 해석하는 방식에는 하나의 기준이 필요합니다. 그러나 실제 적용에 있어서는 다양성을 확보해야, 그 기준이 모두에게 의미가 있습니다. 그러나 폐쇄적인 사회에서는 사회의 기준이 균형을 잃고 한쪽으로 편향돼 있습니다.

그 이유는 정보가 모든 사람에게 열려있지 않고, 심지어 왜곡되기 때문입니다. 여기에 무지한 사람들이 상대적으로 너무 많다면, 대부분 불균형을 당연한 것으로 여기게 됩니다.

물론 모든 사람이 그런 것은 아닙니다. 개중에 시대를 앞서 깨인 사람이 있습니다. 그러나 사회의 규칙에 이의를 제기한 천재 대부분은 소외되거나, 모함이나 반역죄 등으로 처단당했습니다. 역사상 많은 천재들이 그렇게 사라졌습니다.

우리가 성인(聖人)으로 숭배하는 공자, 석가, 예수 등도 당시에는 오해를 받았습니다. 그분들은 인간의 대자유와 평등을 설파했기 때문입니다. 우리가 당연시하는 자유와 평등은 100년 전만 해도 일부 계층의 꿈같은 얘기였습니다. 서양이 민주주의 이상향으로 얘기하는 고대 그리스 사회도 절대다수의 노예가 없었다면 불가능했습니다.

자유와 평등을 말할 때, 종교를 말하지 않을 수 없습니다. 한 가지 아이러니한 사실은 성인들의 원래 뜻과는 다르게 종교가 지배계급의 통치 수단으로 전락했다는 점입니다.

요즘 우리가 부도덕한 사람들의 행위를 비판할 때 쓰는 소위 '내로남불'이 여기에도 적용됩니다. 군주는 자유와 평등을 자유롭게 말할 수 있지만, 피지배층이 자유와 평등사상을 얘기한다면, 대역죄인이 되는 것입니다. 이것은 진리를 깨우친 성인들의 열린 가르침과는 어긋나는 세계관입니다.

성현(聖賢)의 세계관

무지한 범부들과 달리 동서양의 성현들은 이미 오래전에 세상의 둥근 이치를 알고 있었습니다. 범부와 천재의 인식 차이는 하늘과 땅 차이라고 할 수 있습니다. B.C. 3세기에 그리스 철학자 에라토스테네스(Eratosthenes)는 수학적으로 지구가 둥근 것을 증명했습니다. 알렉산드리아의 도서관장이었기 때문에, 그는 당시의 모든 지식을 섭렵하고, 세상을 보는 혜안을 얻을 수 있는 위치에 있었습니다.

그보다 앞서 동양에서는 노자(老子)가 세상의 순환 이치를 설파했습니다. 노자와 에라토스테네스의 공통점은 둘 다 지금으로 치면 도서관장이었다는 사실입니다. 지금은 책이 일반화되어 쉽게 접할 수 있지만, 고대(古代)에는 지식이 일반화되던 시기가 아니었습니다. 귀한 정보를 담고 있는 책은 엄청난 보물이었습니다.

그 당시 서고(書庫)는 지금은 상상할 수 없는 특별한 곳이었습니다. 세상을 지배하는 자들만이 출입해서 희귀한 책을 볼 수 있었습니다. 그런 곳을 관리하는 위치에 있던 두 사람은, 비록 책사 정도에 불과한 직위였지만, 당대까지 집약된 지식을 모두 열람할 수 있었습니다.

노자는 왕실 서고에 비치된 천문(天文)에 관한 모든 서적을 열람할 수 있었습니다. 아마도 주역(周易)뿐만 아니라, 지금은 실전된 연산역(連山易)과 귀장역(歸藏易)에 관한 기록도 볼 수 있었을지 모릅니다. 이 세 가지 역을 통칭하는 역경(易經)이 천문을 통해 우주와 자연의 변화를 인간사에 적용해서 얘기하고 있기 때문에, 노자는 천문, 인문, 그리고 지리에 관해 해박한 지식을 습득할 수 있었을 것입니다.

더욱이 노자는 보통 사람이 아닙니다. 그가 늙은 사람이란 뜻의 노자(老子)로 불린 데는 이유가 있습니다. 어머니 뱃속에서 다 자란 후에 태어났다는 일화는 노자가 태어날 때부터 노인의 지혜를 갖고 태어난 신인(神人)이었다는 사실을 말하고 있습니다. 그런 사람이 고대 지식의 총화라 할 수 있는 역경(易經)을 깊이 탐구할 수 있는 위치에 있었다면, 그가 역(易)의 이치를 통달할 수 있음은 자명한 사실일 것입니다. 그가 남긴 유일한 책인 《도덕경(道德經)》은 역의 이치에 따라 대자연의 변화 원리와 더불어 인류문명을 꿰뚫어보고 있습니다.

동서의 문화 차이

인류문명사의 관점에서 볼 때, 인류는 몇 차례의 문명교류를 통해 현재에 이르고 있습니다. 흔히 서양의 문명을 물질문명이라고 하고, 동양의 문명을 정신문명이라고 합니다. 그러나 엄밀히 말해서 물질과 정신을 분리할 수 없습니다. 때문에 두 문명에서 정신과 물질의 양면을 모두 엿볼 수 있습니다.

그럼에도 불구하고, 서양의 문명이 물질문명에 보다 가깝게 느껴지는 가장 큰 이유는 인식의 차이에 있습니다. 특히 그 차이는 언어에서 분명하게 나타납니다. 아마도 아득한 옛날에 최초의 인간은 하나의 언어를 사용했을 것입니다. 오랜 세월에 걸쳐 인류가 전 세계로 흩어지면서, 언어도 점차 분화되었습니다. 주거환경의 변화와 그에 따른 생활방식의 변화가 언어의 표현방식에 지대한 영향을 미쳤습니다.

서양은 삶의 원동력을 주로 밖에서 찾았습니다. 미국의 프론티어 정신은 서양인의 기본 동력이라고 할 수 있습니다. 객체 중심의 삶에서 중요한 것은 마주치는 대상입니다. 그 대상의 양상이 자신의 존재에 큰 영향을 미치기 때문입니다. 그래서 서양의 언어는 주로 대상에 중점이 있습니다. 지금도 그 영향은 그대로 이어져, 서양의 언어는 명사를 중심으로 표현을 많이 하고 있습니다. 따라서 명사의 기능이 동사로도 전환되는 일이 흔합니다.

예를 들어, 'table'이란 영어 단어가 있습니다. 우리는 이 단어를 '테이블'이란 명사적 의미로 주로 알고 쓰고 있습니다. 그러나 실제로 서양에서는 식탁을 '차리다.' 안건 따위를 '상정하다.' 등으로 동사로도 흔히 전용해서 사용하고 있습니다.

영어는 표현의 중심이 말하는 사람보다는 그 대상에 있기 때문에, 이와 같은 현상이 일어납니다. 객체 중심의 인식체계는 객관적이고 합리적인 학문을 발달시키기에 적당합니다. 수학과 논리가 서양에서 크게 발달한 이유입니다.

반면에 동양은 삶의 원동력을 주로 안에서 찾았습니다. 물론 광개토대왕이나 칭기즈칸처럼 대륙을 정복하면서 통치 권력을 크게 확장해나간 사례도 있습니다. 그러나 대체로 동양은 정주(定住)의 사회체계가 중심을 이루고 있었습니다. 일찍이 농업이 발달하고 생활의 중심이 비교적 고정되어 있기 때문에, 인식의 방식이 주관적입니다. 대상을 표현하는 방식에도 말하는 사람의 감정이나 느낌이 보다 많이 투영되기 마련입니다. 따라서 형용하는 표현이 발달했습니다.

특히 우리에게는 감정을 표현하는 말이 특별히 많습니다. 예를 들어, "마음이 아프다."는 표현을 매우 다양하게 표현합니다. "애잔하다." "슬프다." "속이 쓰리다." "가슴이 아프다." "가슴이 에이다." "가슴이 멍하다." "속이 터질 것 같다." "피눈물이 난다." "한이 맺힌다." 등 무수히 많습니다. 수많은 난리 통에서 살아남은 우리의 역사와 개인의 굴곡진 사연들이 공동체의 삶 속에 복잡하게 얽히고 스며있기 때문입니다. 이것은 무엇보다 외부의 현실이 우리의 주관적인 인식체계 속에서 재해석되고 있기 때문입니다.

주체 중심의 인식체계는 주관적이고 심리적인 학문을 발달시키기에 적합했습니다. 종교와 예술이 동양에서 크게 발달한 이유입니다. 특히 예술과 문학이 한데 융합되어 도학(道學)을 이루고 있습니다. 서양의 철학과 문학에서는 보기 힘든 현상입니다.

이처럼 동서양의 인식과 표현의 방식이 차이가 있기 때문에, 동서양은 물과 기름처럼 섞일 수 없는 것처럼 보입니다. 그 때문인지 영국의 소설가이자 시인인 키플링(Rudyard Kipling)은 인도에서 태어났음에도, 동서양은 절대 만나지 않을 것이라고 노래했습니다.

오, 동양은 동양이고, 서양은 서양이지.
결코 둘은 만나지 않으리.〈동(東)과 서(西)의 발라드〉

독일 속담에 다른 나라 사람과 결혼은 해도, 사랑은 할 수 없다는 말이 있습니다. 그것은 문화 차이가 인간의 진실한 관계를 그만큼 가로막는 요인이라는 뜻입니다. 아마도 키플링도 인도에서 문화 차이를 실감했을 것입니다.

우리도 사실상 다문화 사회에 진입했지만, 여전히 외국인과 외국 문화를 이질적으로 봅니다. 예를 들어, 아무리 외국인이 귀화해서 한국말을 잘해도 그를 외국인으로 봅니다. 문화 차이를 가지고 보기 때문입니다. 인종 백화점이라고 하는 미국도 이 점에서 예외는 아닙니다. 재미교포가 아무리 말을 잘하고 미국화되어 있어도, 어떤 면에서는 언제나 이방인일 수밖에 없습니다. 이처럼 문화 차이는 큰 장벽입니다.

동서 문명의 교류

동서 문화의 차이가 크다고 하지만, 동서의 교류는 생각보다 장구합니다. 예를 들어, 동서의 교류를 말할 때 실크로드를 예로 들지 않을 수 없습니다. 실크로드는 멀리는 빙하기가 끝난 만 년 전 인류의 대이동의 통로였고, 가깝게는 16세기 대항해시대가 열리기 전에 동서 문명 교류의 주요 통로였습니다. 앞으로 동서통합의 시대가 본격화되면, 동서양 대륙횡단 철도가 실크로드를 대신할 시대가 열릴 수도 있습니다.

그러나 동서 문명의 교류와 순환 과정이 그리 조화롭게 이루어지고 있는 것은 아닙니다. 지금도 피의 역사가 진행 중입니다. 교류와 순환이 있는 곳에는 또한 갈등과 충돌도 있기 마련이기 때문입니다. 가장 근본적인 이유는 밥그릇을 크게 차지하기 위한 인간의 탐욕입니다. 욕망은 인간의 기본 심사입니다. 이 욕망이 한편으로는 문명의 발전을 가능하게 한 원동력이기도 합니다. 참으로 아이러니한 상황이 아닐 수 없습니다.

아메리카 신대륙도 마찬가지 과정을 겪고, 지금에 이르고 있습니다. 콜럼버스가 15세기에 신대륙을 발견했을 당시에 원주민들과 탐험가들은 서로 경계심과 호기심이 교차하는 마음으로 서로를 바라보았습니다.

17세기에 영국에서 신대륙으로 이주한 초기 이주민들은 현지 상황을 전혀 모르고, 막연히 일확천금을 꿈꾸며 간 사람들이 대부분이었습니다. 신대륙에는 전혀 필요 없는 일이나 사업을 하려고 간 사람들이 많았습니다. 종교적인 박해를 피해 새로운 가나안을 건설하기 위해 건너간, 종교적 신념이 강한 사람들에게도 신대륙의 현실은 냉혹했습니다.

특히 그들이 정착한 뉴잉글랜드는 동토(凍土)라 불릴 정도로 척박한 땅이었습니다. 많은 사람들이 신대륙의 환경을 견디지 못하고 죽었습니다. 초기에 살아남은 사람들은 그나마 원주민들의 도움으로 신대륙에 안착할 수 있었습니다. 때문에 얼마 동안은 이주민과 원주민 간에 대체로 우호적인 분위기에서 교류가 있었습니다.

그러나 그것은 잠시에 불과했습니다. 엘도라도(El Dorado)를 차지하기 위한 피의 전쟁이 시작되었습니다. 신대륙의 천연자원은 유럽인들에겐 황금 그 자체와 같았기 때문입니다. 문명의 순환은 달리 말하면, 강압적인 자원수탈의 역사라고 할 수 있습니다. 그럼에도 불구하고 시간이 흐르면서 동서양의 정신과 육신이 서서히 섞여 들어갔습니다. 선악(善惡)이 함께 섞여 새로운 문명을 만들어 갔습니다.

동서 문명의 교류가 본격적인 접점을 이루고 크게 발흥한 곳은 미국입니다. 그래서 현대 비평가들이 동서 문명의 순환이 신대륙 미국에서 거대한 순환을 이루었다고 평가하고 있습니다. 콜럼버스의 호기심과 탐험정신으로 이룬 미 대륙의 발견은 동서양 문명의 판도를 바꾸는 엄청난 변화의 시작이었습니다.

미국의 성립

우리는 대부분 미국을 영국에서 건너간 청교도들이 건설한 나라로 알고 있습니다. 그래서 많은 사람들이 와스프(WASP), 즉 백인 앵글로색슨족 신교도를 미국의 주류 세력으로 알고 있습니다. 그러나 이것은 피상적으로 미국을 본 모습입니다. 정치적인 관점에서 본 미국과 인류문명사의 관점에서 본 미국은 다릅니다.

사실 미국은 영국인들이 건너가기 전에 여러 나라 사람들이 이주해서 살고 있었습니다. 뉴잉글랜드 식민지 이외의 지역에 정착한 많은 유럽 사람들이 미국 땅에서 새로운 기회를 찾다 쓸쓸히 죽어갔습니다.

그중에는 중부의 드넓은 곡창지역을 경작하다가 죽어간 독일인도 많습니다. 체격과 체력이 좋은 독일인들이 힘든 노동으로 허무하게 신대륙에 묻힌 것입니다. 우리가 60년대 말과 70년대 초에 독일에 돈 벌려고 광부나 간호사로 간 것처럼, 독일인도 그 당시에 돈 때문에 신대륙 미국에 간 것이죠.

　독일 이외에 프랑스, 네덜란드 등지에서도 이주민들이 있었는데, 그중의 한사람으로 크레브쾨르(Crèvecoeur)가 있습니다. 그는 프랑스 출신으로, 그가 쓴 《미국 농부의 편지》는 미국의 당시 모습을 잘 그리고 있습니다. 그는 동서 문명의 '거대한 순환'이 신대륙에서 완성되고 있는 모습을 보았습니다.

　　여기 모든 나라에서 온 사람들이 하나의 새로운 종족으로 용
　　해되고 있고, 그들의 노동과 번영은 어느 날 세계에서 거대한
　　변화를 야기할 것이다. 미국인들은 오래전에 동양에서 시작한
　　엄청난 양의 예술, 과학, 정력, 그리고 산업을 가져오고 있다.
　　그들은 거대한 순환을 완성할 것이다.《미국 농부의 편지》

　크레브쾨르도 인정하고 있지만, 그의 눈에 '새로운 인간'으로 보인 미국인이 신대륙에서 이룩한 발전은 사실 동양에서 유래한 예술과 과학 등의 덕택이었습니다. 예를 들어, 동양에서 발명된 인쇄술, 나침판, 화약 등의 발명품들이 유럽을 발전시켰고, 그것들이 다시 신대륙으로 넘어가 미국의 근대화와 산업화에 크게 기여했습니다. 사람들이 인식하지 못할 뿐, 미국의 정신 속에 동양의 정신이 알게 모르게 스며 들어가 있었던 것입니다.

　인구만 따져 보아도 콜럼버스가 아메리카 신대륙을 발견했을 당시에 북미에만 일천만 명의 원주민들이 있었습니다. 그들은 베링해협

을 통해 아시아에서 신대륙으로 건너간 사람들의 후예들입니다. 인류사의 관점에서 미국의 권력 주체를 가린다면, 아시아에서 넘어간 원주민들이 주인이라고 할 수 있습니다.

미국의 역사는 짧은 인류문명사라고 해도 과언이 아닙니다. 동서문명의 거친 결합, 식민지 건설과 독립전쟁, 중세 유럽에서 볼 수 있던 종교의 타락과 마녀재판, 노예제도의 갈등과 남북전쟁, 미 대륙횡단철도의 건설, 급격한 산업화와 생태계 파괴, 첨단과학의 발달과 우주항공시대 개척, 구글 신(神)이라고 부르는 정보통신기술의 발전 등 단 몇백 년의 역사가 지난 수천 년의 인류문명의 발전을 뛰어넘고 있습니다. 물론 이것은 동서의 결합으로 탄생한 미국에 몰려든 세계 각 지역의 인재들 덕분입니다. 한마디로 미국은 동서융합의 결과물입니다.

미국의 역사를 보면서, 한 가지 사실을 깨달을 수 있습니다. 새로운 문명이 부드러운 과정을 거쳐 탄생하는 것이 아니라는 사실입니다. 마치 자연의 진화가 치열한 생명투쟁의 과정인 것과 같습니다. 미국의 사례에서 볼 수 있는 것처럼, 이질적인 가치와 상이한 목적을 지닌 사람들을 하나로 모으는 것은 쉬운 일이 아닙니다.

우리도 이 점을 간과해선 안 됩니다. 새로운 문명질서를 만들기 위해서는 인고의 시간과 피와 땀이 필요합니다. 세상에 공짜는 없습니다. 상대방의 입장과 처지를 고려하면서, 새로운 질서를 조율할 필요가 있습니다.

초절주의(超絶主義)

미국의 형성과정을 단순한 정치적인 과정으로 보는 것은 일차원적인 역사 해석입니다. 미국을 인류정신사의 관점에서도 볼 수 있습니다. 미국의 성립은 서양의 물질주의적 다양성과 동양의 정신주의적 통일성이 신대륙에서 하나로 결합하기 시작한 것이라고 할 수 있다.

본격적으로 동서양의 정신을 융합한 사람은 에머슨이었습니다. 그는 서양의 다양성과 동양의 통일성을 중도의 정신으로 한데 융합한 장본인입니다. 에머슨이 창시한 초절주의는 서양의 물질주의와 동양의 정신주의를 융합해 실체적 진실을 담아내려는 노력의 결과입니다.

에머슨이 주창한 'Transcendentalism'을 초절주의(超絶主義)로 번역하는 것은 그가 추구한 것이 단순히 현실 저 너머에 있는 것이 아니고, 또한 현실 저 너머를 무시하지도 않기 때문입니다. 초절은 현실의 수용과 초월을 동시에 의미합니다. 이 세상의 안과 밖이 에머슨 사상 속에서 한데 융합되어 있습니다.

서양인 중에 조화와 균형의 정신인 중도를 가장 잘 이해하고, 실제로 삶에 구현하고자 노력한 사람이 에머슨일 것입니다. 묘하게도 그는 조화를 의미하는 콩코드(Concord) 지방에서 살면서, 동서양의 사상을 조화롭게 융합했습니다. 그의 사상은 당시 새로운 시대정신을 찾고 있던 젊은 문인과 종교인들에게 큰 영감을 주었습니다. 무엇보다 그의 사상은 새로운 길을 찾던 젊은이들에게는 사도의 역할을 했습니다.

에머슨과 미국 문예부흥

미국의 문예부흥은 에머슨의 영향을 받은 작가들이 주도했다고 해도 과언이 아닙니다. 그중에서 휘트먼(Walt Whitman)은 크레브쾨르가 표현한 '새로운 인간'을 가장 문학적으로 잘 그려냈습니다. 휘트먼의 〈나 자신의 노래〉는 새로운 인간으로서 미국인의 자긍심을 가장 극적으로 표현하고 있습니다.

> 내가 어머니로부터 태어나기 전에 수세대가 날 인도했고,
> 태아는 늘 생동하며, 어떤 것도 그것을 압도할 수 없었다.
>
> 그것을 위해 성운은 하나의 천체로 응축했고,
> 오래도록 느리게 지층이 쌓여 그것을 받치고 있네,
> 거대한 식물들은 그것에 자양분을 주었고,
> 엄청난 도마뱀들은 그것을 입으로 옮겨, 조심스레 놓았다.
>
> 모든 힘이 꾸준히 사용되어 나를 완성하고 기쁘게 하며,
> 오늘에 이르러 여기에 난 강건한 영혼으로 서 있노라.
>
> 〈나 자신의 노래〉

이 시에서 볼 수 있듯이, 한 인간의 탄생은 자연의 생명 요소들이 모여 하나의 힘으로 응축된 결실입니다. 이질적인 요소들이 융합하여 엄청난 힘을 발휘한 결과입니다. 나의 생명에는 알게 모르게 모든

생명이 관여되어 있습니다. 나와 남이 하나의 생명공동체로 연결되어 있는 것입니다.

이 시는 또한 에머슨의 자립정신을 잘 대변한 것이기도 합니다. 그렇기 때문에 에머슨은 휘트먼의 시가 세상에 나왔을 때, 세상의 혹독한 비판 속에서도 유일하게 찬사를 보낸 사람이었습니다.

휘트먼과 더불어 현대시의 새로운 장을 연 여류 시인으로 디킨슨(Emily Dickinson)이 있습니다. 그녀의 시는 삶의 모순이 오히려 삶의 진실을 밝히는 동력이라는 에머슨의 보상이론을 시적으로 가장 잘 표현하고 있습니다. 한번 감상해보시죠.

성공은 결코 성공해보지 못한 이에게
가장 달콤한 것이지.
감로의 참맛을 이해하려면
극심한 궁핍을 겪어야 해.

오늘 깃발을 들고 있는
자줏빛 무리 중 누구도
승리를 참뜻을 분명히 알 수 없다네.

패배하여 죽어가는 자의
금지된 귓가에
멀리서 들려오는 승리의 선율이

터지듯 고통스럽게 가장 분명히 들리리라.

〈성공의 참맛〉

불행을 경험한 자만이 행복의 참의미를 느낄 수 있습니다. 이 시는 삶의 양극적 관계와 보상관계를 간략한 표현으로 극적으로 보여주고 있습니다. 보상적 관점에서 보면, 우리 사회의 갈등과 소란도 새로운 세상을 창조하기 위한 용트림이자 보상작용으로 보면 좋을 것입니다. 새로운 문명은 갈등요소들의 폭발적 융합작용으로 탄생할 수밖에 없습니다. 이 과정에서 쭉정이들은 소멸될 것입니다.

한편 소설가 호손(Nathaniel Hawthorne)은 이상과 현실 사이의 '중립지역'에서 미국의 모습을 객관적으로 그려냈습니다. 호손은 에머슨이 추구한 중도의 세계를 소설 기법으로 가장 잘 활용했다고 볼 수 있습니다.

그리고 누구보다 소로우(Henry David Thoreau)는 에머슨의 집에 거주하면서 일종의 도제 수업을 받은 사람이라고 할 수 있습니다. 소로우의 명작 《월든》은 에머슨이 없었다면, 세상에 나올 수 없는 작품입니다.

소로우의 생태주의적 삶의 사상적 근거는 에머슨의 《자연》에 있습니다. 이 소책자는 초절주의의 시작을 알리는 역사적 저작물이기도 합니다. 이외에도 당대의 많은 작가들이 에머슨의 정신에서 새로운 시대의 감응을 받았습니다.

시대와 경계를 넘는 보편정신

에머슨의 정신은 당대뿐만 아니라 현대에도 이어져 미국의 정치, 경제, 문화, 종교 등 다양한 영역의 지도자들에게 영감을 꾸준히 주고 있습니다. 예를 들어, 스티브 잡스(Steve Jobs)가 선불교에서 많은 영감을 받은 것은 에머슨의 영향에서 비롯된 것입니다. 워런 버핏(Warren Buffett)이 내재 가치에 기반을 둔 투자와 진실과 도리에 맞는 경영을 중시하는 점도 모두 에머슨의 철학에서 배운 것입니다. 이외에도 버락 오바마, 빌 게이츠, 일론 머스크 등 많은 분야의 지도자들이 에머슨을 사도로 삼고 있습니다.

에머슨이 지금까지도 다양한 계층의 지도자들에게 영감을 줄 수 있는 것은 미국적인 정신과 더불어 시대와 경계를 뛰어넘는 통찰력을 제공하고 있기 때문입니다.

새로운 문명이 발아할 시점에 가장 필요한 것은 그것을 담을 정신입니다. 에머슨이 그 정신을 제공한 셈입니다. 정보통신기술이 개발되기 전에 에머슨의 정신이 미국 전역에 퍼질 수 있었던 것은 그의 강연에 있습니다. 에머슨은 미국 최초의 전문 대중강연가입니다. 요즘 같은 예능 프로그램이 없던 시절에 에머슨의 강연은 특별한 재미와 더불어 고급 정보를 대중에게 제공하는 매우 유용한 통로였습니다. 특히 에머슨의 목소리는 사람들의 마음을 사로잡는 깊은 울림이 있었다고 합니다.

에머슨의 핵심 가르침은 구시대, 즉 유럽의 목소리를 내지 말고 미국 자체의 새로운 목소리를 내자는 것이었습니다. 때문에 그는 남에게 의지하지 말고 스스로에게 의지하는 자립(Self-Reliance)을 미국의 젊은이에게 말했습니다. 미국은 천혜의 자연조건과 더불어 문명사적 관점에서, 새로운 정신을 담아낼 준비가 되어 있었습니다. 새로운 문명을 만들 시간, 공간, 그리고 사람이 갖춰진 것입니다.

에머슨의 정신으로 새롭게 태어난 미국으로부터 우리나라를 반추해 보면, 우리가 갈 길이 보입니다. 좋은 것은 받아들이고, 안 좋은 것은 반면교사로 삼아야겠습니다.

우리는 반만년의 역사를 자랑하고 있습니다. 한때 고조선은 세계의 중심으로서 홍익인간의 정신을 널리 사방에 떨쳤습니다. 그 후에도 고구려의 광개토대왕은 나라의 영역을 크게 확장한 바 있습니다. 재야 역사가에 따르면, 우리 민족의 역사는 만년을 넘어간다고 합니다.

역사 문제에 있어서, 우리나라는 중국 그리고 일본과 다툼이 많습니다. 또한 우리 내부에서도 이견과 갈등이 많습니다. 이 문제는 여기서 다룰 주제는 아니지만, 첨단과학기술의 발달로 다행히 앞으로 간단하게 해결될 것으로 보입니다. 동양의 역사뿐만 아니라 세계의 역사자료와 고고학 자료들을 인공지능(AI)에 입력하면, 인공지능이 몇 시간 안에 비교, 분석하고 그 결과를 내놓을 날이 머지않았습니다. 중국과 일본이 역사를 날조하고 있지만, 진실은 곧 드러날 것입니다.

중요한 것은 지금 우리입니다, 현재 우리는 어떤 상황에 처해 있나요?

우리가 있는 시대와 공간을 면밀히 통찰해야, 우리가 갈 방향을 정하고 미래사회에 대비할 수 있습니다. 찬란한 고조선의 역사에 비하면, 현재 우리는 너무 작아진 모습입니다. 그러나 실망할 필요는 없습니다. 수축이 극에 이르면, 팽창하기 시작하는 것이 자연 물리의 법칙이기 때문이니까요. 역사도 변화의 원리를 벗어나지 못합니다. 물론 변화의 원동력은 우리의 의지와 지혜에 달려있습니다. 그리고 무엇보다 세상을 아우르는 보편정신이 밑받침되어야 오래 유지됩니다.

이제 우리도 우리 자신의 목소리를 내야 할 때가 왔습니다. 그러나 널리 인간을 이롭게 하고 사랑하는 홍익인간의 보편정신이 없다면, 우리의 주장은 오래가지 못할 것입니다.

정혁(鼎革)의 시대

역(易)의 원리에서, 우리의 문제를 한번 고찰해볼 수 있습니다. 역은 상당히 어렵지만, 동양의 지혜는 상당 부분 역에서 출발한다고 해도 과언이 아닙니다. 공자도 역의 이치를 숙고해서 깨달음을 얻을 정도이니, 그 깊이를 헤아릴 수 없을 정도입니다.

국기(國旗)에 건곤감리(乾坤坎離)의 괘를 사용하는 우리는 역(易)과는 불가분의 관계를 맺고 있습니다. 역을 점을 치는 데 활용하는 사람들이 많지만, 여기서는 역의 이치를 통해 변화에 대처하는 지혜를 얻고자 합니다.

지금 세상은 정혁(鼎革)의 시대에 있다고 볼 수 있습니다. 산업혁명 이후에 인류는 물질문명을 급속도로 발전시켰습니다. 결정적으로 동서의 결합으로 탄생한 미국에서 동서양의 정신문명과 물질문명이 하나로 융합하면서 인류문명은 새로운 단계에 진입하고 있습니다.

세상의 변화를 읽지 못하면 뒤처질 수밖에 없습니다. 문명전환기에는 변화가 어느 때보다 빠릅니다. 더군다나 그 변화의 흐름이 상황에 따라 그때그때 다릅니다. 변화의 흐름이 일직선으로 흘러가지 않기 때문입니다. 마치 범선(帆船)이 바람을 헤치고 지그재그로 앞으로 나아가는 것과 같습니다. 통찰력을 가지고 멀리 볼 때만이 일정한 추세가 있다는 사실을 알 수 있습니다.

변혁의 시대를 대표하는 괘는 택화혁(澤火革)입니다. 상괘는 연못을 뜻하는 택(澤)이고, 하괘는 불을 상징하는 이(離)입니다.

미래학자들은 문명의 변곡점을 2045년으로 보고 있습니다. 이미 21세기에 접어들었지만, 전환점은 반세기 가까이 지난 이후에 도래한다고 볼 수 있습니다. 이것은 주역의 택화혁(澤火革) 괘사(卦辭)와 일치합니다.

혁은 기일이 돼야 믿음이 있다. 크게 형통하고, 올곧으면 이롭다.
후회는 사라진다. (革, 己日乃孚. 元亨, 利貞. 悔亡) 《주역》

천간(天干)은 갑(甲), 을(乙), 병(丙), 정(丁), 무(戊), 기(己), 경(庚), 신(辛), 임(壬), 계(癸)의 주기(週期)를 반복하며 끊임없이 돌아가고 있습니다. 그런데 변화의 주기 중에서 절반이 막 넘은 시점인 기일(己日)에 변화의 추세가 바뀝니다. 기(己)는 특정한 날을 의미하는 것이 아니라, 변곡점을 막 지난 시점을 말합니다.

역(易)의 관점에서 문명의 변곡점을 해석하면, 비록 2001년에 수학적인 밀레니엄 시대가 시작될지라도, 변화의 기운이 성숙된 이후에야 비로소 진정한 밀레니엄 시대의 작용이 이루어진다는 것을 알 수 있습니다.

사회의 변화는 쉽지 않습니다. 기존의 사회구조를 지키려는 세력과 새로운 변화를 모색하는 세력 사이에 모순과 갈등 요소가 많기 때문입니다. 그러나 역(易)은 갈등과 모순이 오히려 변화의 원동력이라고 말하고 있습니다. 단사(彖辭)는 그 이치를 설명하고 있습니다.

단사에 이르기를, 혁은 물과 불이 서로 없애는 것이다. 두 여자가 한곳에 살되, 뜻이 서로 맞지 않는 것을 혁이라 한다. 기일이 돼야 믿음이 있다 함은 변혁되어야 믿음이 있다는 뜻이다. 밝게 빛나며 기뻐한다. 바름으로써 크게 형통한다. 변혁하여 마땅하면 후회는 이에 사라진다. 천지가 변혁하여 사계절을 이룬다. 탕왕과 무왕이 혁명하여 하늘에 순종하고 사람들에게 부응하였다. 혁의 시대가 갖는 의의가 참으로 크다.(象曰, 革, 水火相息, 二女同居, 其志不相得, 曰革. 己日乃孚, 革而信之, 文明以說, 大亨以正, 革而當, 其悔乃亡. 天地革而四時成, 湯武革命, 順乎天而應乎人, 革之時大矣哉)《주역》

작은 딸로 상징되는 태(兌)와 둘째 딸로 대표되는 이(離)의 갈등으로 집안에 변혁이 일어나는 모습입니다. 마치 우리 사회의 모순과 갈등이 극에 이른 것과 같은 상황입니다. 역(易)은 갈등이 극에 이르면, 변혁의 때가 왔음을 알려주고 있습니다.

그러나 사회의 변화가 시작돼도 대부분 그것을 인식하기 힘듭니다. 마치 한겨울에 봄을 느끼기 힘든 것과 같습니다. 예를 들어, 입춘은 2월 4일경에 있습니다. 사실 그때 봄을 느끼는 사람은 많지 않습니다. 비록 내부에서는 봄의 기운이 올라오고 있지만, 외부는 아직 한겨울이기 때문입니다. 꽃이 만발해야 우리는 봄을 인식하게 됩니다.

지도자는 변혁의 시기에 누구보다 먼저 그 흐름을 파악해야 위기에 대처할 수 있습니다. 그렇지 않으면 사회가 크게 후퇴하게 됩니다. 상사(象辭)는 이 점을 경책하고 있습니다.

상사에서 이르기를, 못 가운데 불이 있음이 혁이다. 군자는 이로써 역수를 계산하여 때를 밝힌다.(象曰, 澤中有火, 革, 君子以治歷明時)《주역》

천지자연이 하는 일은 매일 같은 일을 반복하는 것밖에 없습니다. 그런데 그사이에 천지의 기운이 바뀌고, 계절이 바뀌면서 식생(植生)도 변화합니다. 봄의 변화는 이미 겨울부터 준비되어 있던 것입니다. 표면에 변화가 드러나기 전에, 내부에서는 변화의 에너지를 응축하고 있지만, 우리는 그것을 인식하지 못하고 있을 뿐입니다.

사회의 변화도 이와 같습니다. 변화의 기운이 사회에 잠재해 있을 때는, 그것을 감지하기 힘듭니다. 그 기운이 어느 정도 사회 저변에 확산되었을 때, 비로소 사람들이 변화에 동조하기 시작합니다. 이것을 역(易)에서는 "기일이 돼야 믿음이 있다."고 합니다. 기일이 되기 전에 새로운 변화를 주도하려 한다면, 많은 사람들의 반발을 사게 되는 이유가 여기에 있습니다.

반대로 너무 늦게 변화를 시도한다면, 주도권을 경쟁자에게 뺏길 수 있습니다. 때문에 현명한 지도자는 변화의 추세에 맞게 때에 맞춰 개혁을 단행합니다. 이때는 개혁에 동조하는 세력이 많기 때문에, 크게 성공할 수 있습니다. 그러나 여기서 중요한 것은 치밀한 준비가 된 자만이 변화의 전환이 이루어지는 길목에서 기회를 잡고 충분히 활용할 수 있다는 사실입니다.

통찰력이 있는 사람만이 사회 내부의 변화를 미리 볼 수 있습니다. 예지(叡智)가 있는 현자들은 심지어 몇 세기 전에 변화될 미래를 예측했습니다. 에머슨 또한 물질문명의 시대가 극에 이르러 정신의 각성을 통해 새로운 시대가 올 것을 예지했습니다. 2세기가 지난 지금 그의 예측이 실현되고 있습니다.

현재 과학기술은 궁극을 향해 치닫고 있습니다. 과학기술은 양날의 칼날과 같습니다. 과학기술 덕분에 우리의 삶이 편리해지고 인간의 기대수명도 늘어나고 있습니다. 하지만 반대로 편리해진 만큼 정신이 타락하고 있습니다. 또한 수명이 느는 만큼 세대 간, 계층 간 갈등의 골도 깊고 커지고 있습니다.

갈등이 극에 이르면, 반드시 새로운 변화가 생깁니다. 문제는 이때 우리의 자세입니다. 그래서 역(易)에서 시간, 즉 변화의 추세를 살펴 개혁을 도모할 것을 주문한 뒤에, 올곧음(貞)을 그다음으로 경책했습니다. 아무리 개혁의 시기를 잘 선택해도, 뜻과 절차가 올곧지 않으면, 좋은 결실을 맺기 힘듭니다.

온전한 질서를 확립하기 위해선 사회의 병폐는 반드시 바로 잡거나 제거해야 합니다. 문제는 그 병폐에 기대어 사는 사람이 많다면, 개혁의 필요성을 느끼기 힘들다는 점입니다. 그러므로 개혁으로 인한 피해와 소외가 없도록 개혁 대상자들에게 퇴로를 열어줘야 합니다. 그와 동시에 여론을 형성하고 개혁의 당위성을 확보해야 합니다. 그래야 사회 갈등요소가 조율되어 후회가 사라집니다.

개혁의 결실

새로운 시대를 열자면, 구시대의 갈등과 모순을 일소하고 새로운 질서를 만들어야 합니다. 역(易)에서는 그것을 정(鼎), 즉 솥에 비유하고 있습니다. 솥에서 새로운 음식을 만드는 것은 마치 용광로에서 모든 불순물을 제거하고 깨끗한 쇳물을 뽑아내는 것과 같습니다. 화풍정(火風鼎) 괘에서 우리는 개혁을 완성하는 과정의 도리를 배울 수 있습니다.

택화혁(澤火革)의 시기에 순리대로 혁명을 단행해서 성공했다면, 화풍정의 도리로 혁명의 결실을 맺을 수 있습니다. 그래서 화풍정의 괘사는 좋습니다.

정은 크게 길하고 형통하다.(鼎, 元吉, 亨)《주역》

괘사가 좋다고 모든 것이 다 좋은 것은 아닙니다. 역(易)의 요점은 반면(反面)을 주의하는 것입니다. 세상은 대칭구조로 이루어져 있기 때문에, 새로운 통합을 이룰 때 도리에 맞게 모순을 조율해야 문제가 최소화될 수 있습니다.

아무리 시간과 공간의 환경이 좋아도, 인간사회의 관계가 뒤틀리면 큰 결실을 이루기 힘듭니다. 이 점에서, 사람의 역할이 가장 중요합니다.

화풍정은 솥에 불을 때는 모습이고, 불의 세기는 바람에 달려있음을 암시하고 있습니다. 불 조절에 실패하면, 좋은 결과물을 만들어낼 수 없습니다. 새로운 바람이 들어오는 입구는 초효(初爻)입니다. 혁명의 성공 여부는 바닥 민심에 달려있음을 알 수 있습니다. 화풍정의 괘상(卦象)을 한번 보시죠. 어떤 모습이 연상되나요?

고대의 사람들은 맨 밑의 1효(초육)는 솥을 바치는 다리로 보고, 2(구이), 3(구삼), 4(구사) 효는 솥의 배 부분, 5효(육오)는 솥의 귀, 맨 위의 6효(상구)는 솥의 귀에 달린 고리로 보았습니다.

역(易)은 혁명이 완수되기 위해서는 밑에서 위까지 절차와 도리에 맞아야 한다고 경책하고 있습니다. 다리는 혁명의 기운이 들어가는 통로이자, 솥의 무게를 감당하는 다리이기도 합니다. 초육의 효사(爻辭)는 다음과 같습니다.

솥의 발이 뒤집어진다. 나쁜 것이 나오니 이롭다. 첩을 두어 아들을 얻는다면 허물이 없다.(鼎顚趾, 利出否, 得妾以其子, 无咎)《주역》

혁명 이후 새로운 질서를 만들어 가는 과정 초기에는 대중들 사이에 손발이 잘 맞지 않을 수 있습니다. 그러다 솥이 뒤집어지면, 안에 들어있던 음식이 쏟아지게 됩니다. 그런데 그로 인해 구시대의 구정물들이 빠지는 계기가 된다면, 오히려 전화위복의 상황이 될 수 있습니다.

첩을 둔다는 말은 새로운 변화의 물결이 들어오는 것을 의미합니다. 신구세력 간의 갈등이 예상되지만, 그 목적이 대업의 적통을 바로 세우려는 것이라면, 대의명분이 분명하고 사사로운 허물이 없게 됩니다.

구이, 구삼, 구사는 솥의 배에 해당합니다. 음식을 새롭게 조리하는 과정과 새로운 질서를 만드는 과정은 같다고 할 수 있습니다. 모두 절도와 절차가 필요하고, 신중을 기해야 온전한 결실을 거둘 수 있습니다. 성급하게 음식을 완성하고자 하면, 조화로운 맛이 나지 않을 것입니다. 새로운 질서도 인내와 도리를 지켜야 사회의 갈등을 야기하지 않을 수 있습니다. 구이, 구삼, 구사의 효사는 모두 이에 대한 경책들입니다.

육오에 이르면, 드디어 혁명의 결실을 맛볼 수 있습니다. 육오는 이 괘의 중심이 되는 효입니다.

솥에 누런 솥귀와 금고리가 있다. 올곧으면 이롭다. 상사에서 이르기를, 누런 솥귀라 함은 중도로써 충실하다는 뜻이다.(鼎 黃耳金鉉, 利貞. 象曰, 鼎黃耳, 中以爲實也)《주역》

황금색은 중도를 의미합니다. 중도는 균형을 조율하는 지혜이자 방법이기도 합니다. 또한 중도는 정성과 충실함을 뜻합니다. 중도는 한마디로 진실입니다. 진실한 마음과 자세로 균형을 조율하는 자만이 혁명의 결실을 온전히 누릴 수 있다는 것을 효사는 말하고 있습니다.

육오는 화풍정 시대의 지도자에 해당하는 자리입니다. 그런데 부드러운 음효(陰爻)가 강건한 양(陽)의 위치에 자리하고 있습니다. 실제로 이질적인 요소들을 융합하는 자리인 구이, 구삼, 구사는 반대로 강한 양효(陽爻)입니다. 이것은 지도자는 덕을 베풀고, 그를 따르는 실무자는 강직하게 자신의 본분을 다해야, 혁명의 바른 결실을 맺을 수 있다는 점을 말하고 있습니다.

맨 위의 상구는 화풍정의 머리에 해당하는 자리입니다. 효사가 의미심장합니다.

> 솥에 달린 옥으로 장식한 고리다. 크게 길하고, 불리함이 없다. 상사에서 이르기를, 옥으로 장식한 고리가 위에 있다 함은 굳센 양과 부드러운 음이 적절하다는 뜻이다.(鼎玉鉉, 大吉, 无不利. 象曰, 玉鉉在上, 剛柔節也)《주역》

상구는 음의 자리에 양효가 있습니다. 보통 육효는 변화의 끝자락에 있어서 좋지 않은 경우가 많습니다. 그런데 화풍정의 시절인연에는 상구는 혁명을 완수하는 데 필요한 지혜를 주는 멘토의 역할을 하는 귀한 위치입니다.

이 괘의 상구에는 한 가지 중요한 사실이 숨겨져 있습니다. 현재 상구는 강한 기운을 가진 양효(陽爻)입니다. 하지만 그 자리는 음(陰)의 위치입니다. 따라서 바른 뜻을 잃지 않되, 부드러운 태도를 지녀야 한다는 의미가 담겨있습니다. 만약 상구가 상왕(上王)처럼 처신한다면, 오히려 대의(大義)를 그르칠 수 있습니다.

한편 상구의 변화를 보면, 뇌풍항(雷風恒)과 풍뢰익(風雷益)이 변효(變爻)로 나타날 수 있습니다. 이것은 사회의 원로 위치에 있는 사람은 시류에 흔들리지 말고 밝은 도리를 제시하고, 더불어 자신의 이익은 멀리하고 사람들에게 이로움을 줘야 한다는 뜻을 내포하고 있습니다.

　화풍정의 괘사에서 볼 수 있듯이, 한 나라가 새롭게 거듭나기 위해서는 밑에서 위까지 모든 계층의 사람들이 제 역할을 도리에 맞게 할 때, 진정으로 새로운 세상을 맞이할 수 있습니다. 만약 새로운 사회질서를 만드는 과정에서 어떤 계층이라도 소외되거나 핍박을 받는다면, 그것은 또 다른 갈등과 분열의 원인을 가지고 출발하는 것과 같습니다. 언젠가 큰 불행을 잉태할 것입니다.

　민심(民心)이 천심(天心)이라는 말은 결국 새로운 변화에 관련된 모든 인연의 진실함 정도를 말하는 것입니다. 비록 변화의 방향이 옳더라도 기존의 체제를 바꿔나가는 초기에는 모든 것이 불안합니다. 따라서 매사에 조심하지 않을 수 없습니다.

　화풍정에서 볼 수 있듯이, 지도자가 중도의 도리를 실천해야 새로운 질서를 만들 수 있습니다. 중도의 정신은 조화와 균형의 정신입니다. 조화로운 통섭을 통해 사회의 균형을 회복하는 통합의 정신을 이 책에서 하나씩 검토해보기로 하겠습니다.

02

코로나의 역설,
생존 패러다임의 전환

코로나의 역설,
생존패러다임의 전환

팬데믹은 우리에게 암시하는 바가 큽니다. 코로나는 단순한 전염병이 아닙니다. 그동안 인류문명의 발달은 자연의 섭리와 맞지 않았습니다. 그중에서도 결정적인 원인은 영국에서 시작된 산업혁명입니다. 산업혁명 이전까지 인간과 자연의 생태적 균형은 어느 정도 유지되었다고 볼 수 있습니다.

그러나 산업혁명은 자연을 급속도로 파괴하면서 도시와 공장을 건설했습니다. 자연정화 기능의 균형이 무너지기 시작하면서, 자연 질서는 우리가 의식하지 못하는 사이에 급속도로 파괴되었습니다. 우리는 어리석게도 우리 자신이 자연의 일부라는 사실을 망각했습니다. 자연 질서의 파괴는 인간사회의 질서도 붕괴시키고 있었습니다. 그 결과, 온갖 사회 병리현상과 전염병이 난무하게 되었습니다. 코로나는 그 결정판이라고 할 수 있습니다.

코로나는 자연의 경고 중 하나일 뿐입니다. 앞으로 또 다른, 보다 무서운 형태의 재난이 닥칠지 알 수 없습니다. 더욱이 코로나 바이러스의 새로운 변종이 계속 나타나 인류를 위협하고 있습니다.

앞으로 세상은 어떻게 될까요?

구체적인 모습과 상황은 다르지만, 역사는 일정한 양상과 추세로 반복하고 있습니다. 코로나와 같은 대전염병이 처음은 아닙니다. 바이러스가 인류문명사를 바꾼 적이 여러 번 있었습니다. 우연의 일치인지 모르겠지만, 문명전환기에는 전염병이 문명전환의 촉매역할을 했습니다. 그중에서도 흑사병은 중세 유럽의 봉건주의 사회를 완전히 뒤바꾸어 놓았습니다.

흑사병은 신(神) 중심의 중세 유럽사회를 인간 중심으로 사회 생태계를 전환시키는 촉매제가 되었습니다. 정치, 경제, 문화 등 사회 전반에서 기존의 패러다임을 부정하고 새로운 패러다임이 등장했습니다. 정치에서는 공화정, 경제에서는 자본주의, 문화에서는 인문주의가 발흥하기 시작했습니다.

극즉필반(極卽必反)

어떤 것도 극에 이르면 좋은 점보다는 나쁜 점이 많을 수밖에 없습니다. 사회도 이러한 변화에서 예외가 아닙니다. 고대의 어떤 왕조도 영원한 제국을 건설하지 못했습니다. 전시대 왕조의 병폐를 바로잡고자 새로 집권한 왕조도 결국은 비슷한 전례를 밟고 역사 속으로 사라졌습니다.

왜 그리됐을까요? 인간의 어리석은 탐욕과 욕망은 결국 한계상황을 맞을 수밖에 없기 때문입니다. 비록 시작은 좋았으나, 세월이 흐르면서 초심은 사라지고, 사회의 균형이 깨졌습니다. 우리 사회에서도 볼 수 있는 현상입니다.

근본적으로 모든 존재는 성주괴공의 자연법을 벗어날 수 없습니다. 아무리 좋은 것도 현상계에선 영원할 수 없습니다. 한 덩어리 흙에 불과한 인간의 허망한 실존상황을 그린 에머슨의 시 중에 〈하마트레이아〉가 있습니다.

'그들은 나를 그들 것이라 부르고,
그렇게 나를 통제했지.
하지만 누구나
지속하기를 바랐지만, 이젠 사라지고 없다네.
그들은 나를 잡을 수 없고,
나는 그들을 소유할 수 있다면,
어째서 내가 그들의 것이냐?'
대지의 노래를 듣자
나는 더 이상 용감할 수 없었다.
나의 탐욕은 차갑게 식어 버렸다.
마치 무덤의 냉기 속의 욕망처럼.(하마트레이아)

동서양의 많은 패권자들이 대륙을 지배하고자 했지만, 결국 그들 모두 흙으로 돌아갔습니다. 그들은 한때 대지를 소유한 것으로 착각했을 뿐입니다. 그들을 조롱하고 있는 '대지의 노래'는 공수래공수거(空手來空手去)이자 거자필반(去者必反)의 이치를 전하고 있습니다. 순환하는 자연법 속에서 끊임없이 균형을 잡기 위해 몸부림치는 것이 인간의 삶일 수밖에 없습니다.

균형이 깨지면 중심을 바로 잡기 위해, 정반대의 움직임이 발생합니다. 극즉필반(極卽必反)이라는 변화의 원리가 작동하는 것입니다. 중세 유럽사회가 무너지고 새로운 인문정신이 세상에 퍼진 것은 이러한 변화의 원리와 무관하지 않습니다.

극에 이르면 반드시 반작용이 일어나는 변화원리가 사회발전의 원동력이기도 합니다. 근대 서양의 발전에는 여러 가지 요인들이 있었습니다. 흥미로운 사실은 아이러니하게도 종교와 정치의 타락으로 유럽 봉건주의사회가 무너지면서, 서양의 근대사회가 새로운 발전의 전환점을 맞이했다는 사실입니다.

교황과 정치 지도자들의 만행이 극을 이루면서, 사람들이 더 이상 버틸 수 없는 한계상황에 이르자, 이래 죽으나 저래 죽으나 마찬가지 상황이 되었습니다. 한계에 이르자, 궁즉변(窮卽變)의 변화원리가 작용하게 된 것입니다.

사람들은 격변하는 사회의 변화 속에서 살아남기 위해 발버둥 치는 과정에서, 스스로 살아남을 수 있는 자생력이 강해집니다. 또한 그 과정을 겪으면서 인간의 보편의식이 조금씩 깨어나게 됩니다. 더불어 사람들 스스로가 합심해서 변화의 부작용을 극복하고, 사회의 중심을 잡으려는 힘과 의지가 길러지게 됩니다.

중세 유럽의 변화는 이러한 민초들의 각성으로 완성된 것이라고 할 수 있습니다. 이처럼 중세 유럽의 변화는 사회 내부에서 자연발생적으로 일어났습니다. 우리의 경우에는 조선 후기 동학혁명이 그 대표적인 사례가 됩니다. 비록 동학혁명은 실패했지만, 보편적 생명의식은 민중 속에 뿌리를 내리고, 해방 이후 급변하는 사회변화 속에서도 자유민주주의의 굳건한 생명줄기가 되었습니다.

비록 봉건주의 체제의 폐단을 극복하는 과정에서 민주주의, 자본주의, 인본주의 등이 등장했지만, 세월이 흐르면서 처음의 정신은 흐려지고 다시 기득권 세력이 생겼습니다. 새로 등장한 기득권 세력은 자신의 권력과 이익을 유지하기 위해 또다시 전시대의 병폐를 답습하고 있습니다. 이것이 인류역사의 수레바퀴입니다.

민주화 시대의 개인주의적 시스템도 마찬가지입니다. 극단으로 치닫게 되면, 또 다른 불균형을 초래할 수밖에 없습니다. 더욱이 민주주의는 자본주의가 뒷받침하고 있기 때문에, 도덕적 무장이 잘 되어 있지 않으면, 개발논리에 의해 자연 질서의 파괴를 가속화 하게 됩니다. 그렇게 되면 사회의 질서도 동시에 급속히 무너지게 됩니다. 우리는 우리 자신도 자연의 일부라는 사실을 결코 잊어서는 안 됩니다.

지금의 사회시스템도 변화의 극에 이르고 있습니다. 어떤 시대이건 사회가 불안해지면, 개인의 자유를 제한하고 공권력을 공고히 하려는 움직임이 일기 마련입니다. 개인보다는 국가의 체제를 우선시하는 기본 취지는 이해되지만, 극에 이르면 국가의 정체성은 사라지고 정치권력을 잡고 있는 지배계층의 이익만 남게 됩니다. 이런 현상은 정치만의 문제가 아닙니다. 경제, 종교, 문화 등 모든 영역에서 일어날 수밖에 없는 현상입니다.

2045년으로 예견되는 문명의 특이점 시대는 우리가 상상하는 것 이상으로 인류의 생존패러다임을 바꿀 것입니다. 팬데믹은 인류의 근본적인 의식변화를 요구하는 전조현상과 같습니다. 더 이상 역사적 논쟁, 진보와 보수의 정치적 공방, 밥그릇 싸움 등으로 시간을 낭비할 수 없습니다. 지금의 변화는 절체절명의 위기이자, 동시에 이천 년 만에 오는 엄청난 기회이기도 합니다.

다행인 것은 한국인의 잠재능력이 우수하다는 점입니다. 한국인의 핏속에 내재된 강한 정신력과 탁월한 지능은 세계에서 가장 빠르게 높은 수준으로 민주화와 자유경제 체제를 이루었습니다. 빨리빨리 문화는 과거에 우리의 단점이었습니다. 그러나 급변하는 코로나 시대에서는 급박한 위기를 빠르게 극복하고, 새로운 발전의 전기를 마련할 수 있는 장점이 되고 있습니다.

그러나 빨리빨리 문화의 부작용도 만만치 않은 것은 사실입니다. 이 점은 앞으로 우리가 극복해야 할 과제입니다. 다행히 빨리빨리 문화와 정반대 성질인 은근과 끈기의 정신 또한 우리의 성향 속에 내재되어 있습니다. 한국인의 양면성을 잘 조율하면 엄청난 힘을 발휘할 수 있습니다.

인류의 생존방식 재고

코로나는 인류의 생존방식에 근본적인 의문을 던지고 있습니다. 인류는 지금까지 욕망의 전차를 타고 끝없이 인간의 본성 밖으로만 폭주하고 있었습니다. 성인의 공통된 말씀은 "너를 너 밖에서 찾지 말라." 하는 것이었습니다. 그러나 그동안 인류는 성인들의 말씀과는 정반대의 방향으로 치닫고 있었습니다. 코로나는 물질만능주의의 사회에서 인간의 탐욕에 대한 경종이기도 합니다.

그렇다고 편리한 물질문명을 버리고, 과거 원시사회로 돌아갈 수 있을까요?

돌아갈 수 있는 사람도 있겠지만, 우리는 대부분 과거의 생활방식으로 돌아갈 수 없습니다. 우리는 앞으로 나가야 하고, 나아갈 수밖에 없습니다. 그러나 자유로운 활동이 막힌 코로나 상황을 뚫고 전진하기에 앞서, 우리는 마음의 본모습을 근원적으로 성찰할 때가 왔습니다. 외부로 쏠린 감각과 의식을 자신 내부로 돌려 우리의 본성을 살펴야 합니다.

우리는 자연인(自然人)이란 말을 합니다. 법적으로는 공직에서 물러난 사람을 자연인이라고 합니다. 요즘은 도시를 떠나 자연 속에 사는 사람을 자연인이라고 합니다. 그러나 이들은 모두 피상적인 의미의 자연인입니다.

그렇다면 어떤 사람이 진정한 자연인일까요? 자연인은 공직에 있건 없건, 자연 속에 살건 안 살건, 지위나 공간과는 관계없습니다. 진정한 자연인은 자신의 본성대로 사는 사람입니다. 인간의 본성은 자연의 본성과 다르지 않습니다. 이 부분에 관해서는 동서양의 철학적 사유가 일치합니다. 그래서 인간의 본성을 영어로도 'human nature'라고 합니다.

우리의 몸도 자연의 일부이고, 우리의 마음도 대자연의 본성과 다르지 않습니다. 그래서 석가는 '일체유심조(一切唯心造)'라고 설파했습니다. 물론 여기서 마음은 조변석개하는 찰나의 마음이 아니라, 영원히 변치 않는 본심(本心)을 말합니다.

현대인은 도시에 살던, 전원 속에서 살던, 거의 대부분 자연인이라고 말할 수 없습니다. 욕망이 존재하는 한, 대자연의 생명흐름과 하나가 되어 산다는 것은 불가능하기 때문입니다. 그럼에도 불구하고 코로나는 인간의 생존방식을 자연의 흐름에 맞게 조율할 것을 우리에게 명령하고 있습니다. 왜냐하면 코로나는 인간이 자연의 생명흐름과 역행한 결과로 생긴 바이러스이기 때문입니다.

여기서 인류의 생존방식을 생각해볼 필요가 있습니다.

정치, 경제. 종교, 문화, 교육 등 인간사회의 모든 활동은 생존의 삼대조건인 의식주 활동에서 파생된 것입니다. 인류의 의식주 활동은 산업혁명 이전까지는 큰 변화가 없었습니다. 산업혁명 이후에는 양과 질 양면에서 의식주의 방식에 많은 변화가 있었습니다. 대도시와 산업단지의 출현으로 수많은 근로자들을 위한 식료품, 주택, 옷이 대량으로 공급되기 시작했습니다. 이 과정에서 또한 많은 파생산업이 끝없이 등장했습니다.

자본주의가 정치를 지배하기 시작하면서, 새로운 지배층으로 산업과 유통을 담당하는 경제인들이 등장했습니다. 수요와 공급이라는 경제이론의 쌍두마차와 최소의 비용으로 최대의 효과라는 경제원칙이 세상을 지배하게 되었습니다. 자본주의 이론이 영원히 적용될 것 같았습니다.

그러나 우리는 코로나를 접하면서 물질적 풍요가 인간 생존에 절대적 요소가 아니라는 것을 절실히 느끼게 되었습니다. 의식주의 기본을 이루고 있는 물질이 생존에 필수적인 요소인 점은 맞지만, 문제는 그것을 다루는 인간의 태도와 방식입니다.

산업시스템의 전환

코로나는 산업시스템 자체의 변화도 가속화시키고 있습니다. 현재 우리나라는 대기업과 수출 위주의 산업체계를 가지고 있습니다. 정부 주도의 계획경제로 투자를 집중하고, 한국인의 놀라운 잠재력으로 세계적인 기업집단을 만들어낸 결과입니다. 폐쇄형 산업사회에 최적화된 경제구조이기도 합니다.

20세기까지 폐쇄형 산업사회가 주를 이루었다면, 앞으로 세상은 개방형 융복합 산업사회로 빠르게 개편될 것입니다. 물론 폐쇄형 산업이 없어지지는 않겠지만, 점점 그 비중이 작아질 수밖에 없습니다. 폐쇄형 산업은 국가나 일부 대기업에서 주로 전담하고, 대부분은 개방형 산업에 종사하게 될 것입니다. 여기에는 모든 과학기술을 융합하는 인공지능기술이 큰 역할을 하고 있습니다.

산업구조가 바뀌는 근본 원인은 정보통신기술의 발달로 세계의 정보가 하나로 연결되기 시작했기 때문입니다. 정보가 일반화되면서 산업기술과 경영노하우가 점차 대중화되었습니다. 더욱이 인공지능 (AI)의 발달은 모든 과학과 기술을 융합시키고, 우리가 상상할 수 없는 새로운 세상을 만들고 있습니다.

이렇듯 초정보화시대는 기존의 산업체계 자체를 새롭게 재편하고 있습니다. 미래사회에 대한 많은 예측이 있지만, 분명한 것은 정보의 융합이 세상을 완전히 새로운 방향으로 변화시킬 것이라는 사실입니다.

한편 정보가 융합된다는 것은 단순히 지식이 쌓인다는 것을 의미하지 않습니다. 과거에 옳다고 믿었던 사실이 새로운 사실에 의해 옳지 않은 것으로 판명될 수 있습니다. 이것은 기존의 가치체계와 그 체계에 근거한 사회시스템의 일대 전환을 의미합니다. 사회시스템은 생존권과 결부되어 있기 때문에, 그 전환이 쉽지 않습니다. 아마도 새로운 사업 생태계를 만들고자 하는 세력과 구(舊)생태계를 지키려는 세력 간에 큰 싸움이 날 수밖에 없습니다.

지금 전 세계가 직면한 문제이기도 합니다. 이 문제를 어떻게 해결해야 할까요?

앞으로 지도자는 신구의 산업체계를 조율하면서, 미래 산업을 대비하는 이중의 문제에 직면하게 될 것입니다. 문명의 대전환에 시차가 있기 때문에, 이에 대한 대비와 비전이 없다면, 지도자의 자격이 없다고 할 수 있습니다.

개방형 산업의 가장 큰 중심은 개인 크리에이터들(creators)이 생산하는 독특한 문화, 소량 다품종 제품, 가상현실 서비스 등이 될 것입니다. 개인 간의 사적인 거래가 활발해지면, 기존의 화폐가 불편해질 수밖에 없습니다. 이미 블록체인에 기반을 둔 가상화폐가 거래되고 있지만, 앞으로 그 비중이 더욱 커질 수밖에 없습니다. 특히 가상공간에서 벌어지는 게임사업 등에서는 더욱더 확대될 수밖에 없습니다.

개인 사업자 중심으로 산업체계가 전환되면, 기존의 자본주의사회의 문제점들이 어느 정도 해소될 수 있습니다. 예를 들어, 대량 생산과 대량 유통에 따른 환경파괴, 빈부의 극심한 쏠림현상, 물질주의 병폐 등이 새로운 국면을 맞이할 수 있습니다.

문명사적인 관점에서 발전을 모색할 때

산업혁명 이후 인류의 발전은 물질과학에 집중되었습니다. 그 발전 속도는 거의 폭주하는 기관차에 비유할 수 있습니다. 물질과학에 비해 아직까지 정신과학에 대한 우리의 인식은 미미한 수준입니다.

코로나는 인간의 발전을 새로운 각도에서 보게 하고 있습니다. 정신이 없는 물질은 인간을 파괴할 뿐입니다. 이 점에서 도시와 농촌의 문제를 함께 생각해볼 필요가 있습니다. 현재 농촌은 공동화 현상이 심각합니다. 일거리가 많지 않고 힘든 농사를 지으려는 사람들이 줄기 때문입니다. 따라서 날로 빈집이 늘어나고 있습니다. 국회입법조사처가 2021년에 발간한 보고서에 따르면, 30년 안에 전국에 있는 읍, 면, 동 가운데 절반이 사라질 수 있는 지역으로 분류되었습니다.

지방의 공동화 현상을 막기 위해 귀농, 귀촌 사업을 대대적으로 벌이고 있지만, 귀농, 귀촌은 사실 쉽지 않은 일입니다. 단지 막연한 기대로 귀농, 귀촌을 한다면 큰 낭패를 볼 수 있습니다. 실제로 현실과 동떨어진 광고에 현혹되어 철저한 준비 없이 귀농, 귀촌을 했다가, 큰 빚만 지고 비극적인 최후를 마감하는 이야기를 종종 듣습니다.

농촌문제를 해결하려면, 어떻게 해야 할까요?

이 문제를 해결하려면, 무엇보다 도시와 농촌을 통합적으로 볼 필요가 있습니다. 도시는 농촌에 필요한 제품을 제공하고, 농촌은 도시에 생명에너지를 공급하는 원천이 됩니다. 앞으로 첨단 교통수단들이 현실화되면, 도시와 농촌의 벽이 허물어질지도 모릅니다. 도시와 농촌은 서로 복합적인 측면에서 수요와 공급이 이루어지는 상호보완의 관계로 발전해야 합니다.

문명사적 변화가 오히려 농촌문제를 해결할 수 있는 좋은 기회를 제공할 것으로 보입니다. 첨단과학과 생명과학의 발전으로 농업이 농촌의 전유물이던 시대는 저물고 있습니다. 도시에서도 작은 공간에서 밀집형 도시농업이 가능해졌습니다. 도시농업의 기술이 오히려 농촌의 일손부족을 해결할 대안이 될 수도 있습니다.

한편 농촌사회의 가장 큰 문제점 중의 하나가 의료문제입니다. 농촌사회는 노인 비중이 매우 높은 데 비해 대도시 수준의 의료시설은 턱없이 부족합니다. 이 점을 역으로 활용하면, 더 좋은 사업기회를 만들 수 있습니다.

건강을 너무 병원에 의존하는 것은 나라 경제에도 안 좋을 뿐만 아니라, 개인이 존엄하게 여생을 보내야 한다는 당위성도 해칠 우려가 높습니다. 인간의 수명이 늘어나고 노인이 증가하는 상황에서 앞으로 존엄사의 차원에서 건강을 생각해볼 때가 되었습니다.

농어촌을 미래형 예방의학 사업의 거점으로 발전시킨다면, 농촌사회의 의료문제를 근본적으로 해결할 것입니다. 그런 의미에서, 생명과학, 교육, 의료, 정보통신기술, 교통기술 등이 융합하는 새로운 시대에 접어들면, 농어촌은 앞으로 1차 산업의 농어축산물 생산지에서 벗어나서 6차 산업형 복합생활단지가 될 가능성이 매우 높습니다. 예를 들어, 스마트팜을 활용한 멀티 융복합 사업은 국가적 차원에서 미래의 새로운 성장 동력이 될 수 있습니다.

도시와 농촌의 불균형으로 비롯된 문제들은 교육, 의료, 일자리, 복지문화시설 등 복합적인 문제들과 얽혀 있습니다. 앞으로 지도자가 혜안을 갖고 도농 간의 문제를 상호 시너지 효과를 내는 쪽으로 전환시킨다면, 지방과 농촌의 공동화 현상은 사라질 것입니다.

농촌문제 해결이 앞으로 국가 경쟁력뿐만 아니라 국가의 존립에도 직결되기 때문에, 종합적이고 다각도로 검토해야 합니다. 이와 관련해서 4장, 5장, 7장, 9장 그리고 10장 등에서 관련 분야가 나올 때마다 함께 고찰해보겠습니다.

멈추어야 멀리 갈 수 있다

우리는 인공지능시대의 초입에 있습니다. 사람들은 앞으로 닥쳐올 시대의 변화에 대비하기보다는 단순히 돈의 향방에 관심을 가지고 있습니다. 그러나 그사이 닥친 코로나는 인류의 문명발전에 커다란 의문을 던지고 있습니다. 자 이제, 우리는 코로나가 더욱 촉발시킨 문명사적 변화를 어떻게 극복하고 새로운 발전의 전기를 마련할 수 있을까요? 그 지혜를 역(易)에서 찾아보기로 하겠습니다.

코로나 시대를 슬기롭게 사는 역의 지혜를 세 가지로 설명할 수 있습니다. 첫째는 중산간(重山艮)에서 멈춤의 지혜, 둘째는 산풍고(山風蠱)에서 적폐청산의 도리, 그리고 셋째는 지뢰복(地雷復)에서 새로운 에너지를 기르는 이치를 배울 수 있습니다.

코로나 시대는 중산간의 상황과 비슷합니다. 일상의 활동을 최소한으로 줄이고, 멈출 수밖에 없는 상황입니다. 중산간의 괘상은 위아래로 산이 겹쳐있는 모습입니다.

산이 중첩되어 앞으로 나가기 힘든 형국입니다. 산 넘어 산이란 표현이 중산간의 모습을 잘 표현하는 말일 것입니다. 이런 상황에서 우리는 어찌해야 할까요? 먼저 중산간의 단사(彖辭)를 보면 전체 괘의 상황을 파악할 수 있습니다.

단사에서 이르기를, 간은 멈춤이다. 때가 멈출 때 바로 멈추고, 때가 움직일 때 바로 움직인다. 움직임과 고요함이 그때를 잃지 않으면, 그 도리가 밝게 빛난다. 멈출 곳에서 멈추는 것은 바로 그곳에 멈춘다는 뜻이다. 위와 아래가 적대하여 서로 함께하지 않는다. 그러므로 그 몸을 얻지 못하며 그 뜰을 걸어도 그 사람을 보지 못하지만 허물은 없다고 하는 것이다.(彖曰,

艮, 止也. 時止則止, 時行則行, 動靜不失其時, 其道光明. 艮其止, 止
其所也. 上下敵應, 不相與也, 是以不獲其身, 行其庭, 不見其人, 无咎
也)《주역》

여섯 개의 효(爻)는 1(초육)-4(육사), 2(육이)-5(육오), 그리고 3(구삼)-6(상
구)으로 상대하고 있습니다. 그런데 서로 상대하는 효가 모두 음양의
조화를 이루지 못하고 있습니다. 같은 성질끼리 짝을 이루고 있기 때
문에, 서로 밀어내는 형세입니다. 산 넘어 산인데 장애가 많은 상황이
므로, 뭔가 일을 도모하기 힘듭니다. 그런데 단사의 해설은 그리 나쁘
지 않습니다. 왜 그럴까요?

중산간은 코로나 팬데믹과 같은 장애가 겹겹이 있을 때는 멈춰야
한다는 사실을 우선 말하고 있습니다. 간(艮: ☶)은 동북(東北)방향입니
다. 만물의 성장활동이 그침(止)을 의미하는 곳이지만, 동시에 간은 다
시 시작하는 곳이기도 합니다.

새롭게 시작하기 위해서는 생명력을 응축할 필요성이 있습니다.
멈춰야 할 때 멈추어서 힘을 기르면, 장애가 점차 사라진다는 사실을
암시하고 있습니다. 세상은 끊임없이 변하고 있기 때문에, 음지(陰地)
가 양지(陽地)되고, 양지는 음지로 변합니다.

그렇다면 물러나서 가만히 있기만 하면, 좋은 때가 올까요? 그렇
지 않습니다. 준비를 해야 합니다. 정중동(靜中動)의 이치가 여기에 있
습니다. 음지일 때 물러나 힘을 기르고, 양지일 때 나아가 활동하는
것이 하늘의 이치입니다.

적폐청산에도 도리가 있다

새로운 생명력을 기르기 위해서는 자신의 병폐를 잘라내야 합니다. 썩은 부위를 그대로 두고 새로운 활력을 기대할 수 없기 때문입니다. 일제강점기를 거치면서 우리는 주체적으로 나라를 유지할 수 없는 상황에서 해방이 되었습니다. 더욱이 남북전쟁 이후 미군정이 일제강점기의 인사들을 상당수 그대로 쓰면서, 과거사 정리가 되지 못했습니다.

한편 민주자본주의시대에 접어들어서면서 정신보다는 물질이 우선시 되었습니다. 이런 상황에서 경제발전이 빠르게 진행되면서, 과거사 정리는 뒷전이 되었습니다. 이제 비록 먹고사는 문제는 어느 정도 해결했지만, 국민의 정신을 통합하는 데는 많이 부족합니다.

때문에 민초들의 힘과 의지를 구현할 수 있는 정신적 바탕이 비교적 약해졌습니다. 물론 조선후기에 동학혁명과 같은 자발적인 민족운동이 있었지만, 민족의 정신을 계속 계승하고 보급할 현대화된 고등연구교육기관이 매우 희박했습니다.

문명전환기에 맞게 새롭게 출발하기 위해서는 국민의 역량을 모아야 합니다. 선악이 뒤섞여 지금의 대한민국을 이룬 시점에서 한 번더 도약을 이루고, 새로운 문명시대의 주인공이 되기 위해서는, 역사의 응어리진 한(恨)을 생명력 넘치는 흥(興)으로 전환시켜야 합니다. 이것은 대통합의 정신이 없으면 불가능합니다. 통합을 이루기 위해서는 과거사에 대한 인식과 태도를 어느 정도 정리해야 합니다.

그렇다면 과거사 정리를 어떻게 해야 할까요?

과거사 정리는 단순히 역사적인 문제만을 의미하지 않습니다. 우리의 인식태도를 바르게 전환하는 것이 과거사 정리의 핵심입니다. 이것은 보편정신의 회복 없이는 불가능합니다. 보편정신의 회복은 바로 현재 우리의 모습을 있는 그대로 인정하는 데서 출발합니다.

과거는 흘러갔고, 미래는 오지 않았습니다. 언제까지 과거에 매달려 살 수도 없고, 미래에 기대서 살 수만도 없습니다.

과거를 정리하고 미래를 현실화시키는 유일한 길은 오늘을 바른 정신으로 새롭게 무장하고, 진실하게 사는 것밖에 없습니다. 오늘이 진실하게 바뀌면, 과거는 오늘을 위한 몸부림이 되고, 미래는 그 노고의 결실이 될 것입니다. 그러면 과거, 현재, 그리고 미래가 동시에 진실하게 바뀝니다.

그렇다고 과거를 잊자는 얘기는 아닙니다.

상대방은 나의 거울입니다. 상대방의 잘못이 나의 잘못이기도 합니다. 내가 어리석거나, 힘이 약하거나, 부주의하거나, 방관한 대가 등으로 과거의 잘못들이 이루어졌습니다. 우리 모두가 어느 정도 책임이 있습니다.

따라서 진정한 적폐청산은 나 자신의 잘못을 바로잡는 데 있습니다. 이 점에서, 산풍고(山風蠱)에서 지혜를 구해야 합니다. 먼저 산풍고의 괘상을 보시죠.

산 아래 바람이 이는 모습입니다. 강한 기운이 부드러운 것 위에 있는 상황입니다. 전체적으로 볼 때, 위아래 상대하는 효가 잘 어울리지 않는 것이 더 많지만, 하괘와 중심인 2효(구이)와 상괘의 중심인 5효(육오)가 서로 조화를 이루고 있습니다.

부드러운 하괘의 양강(陽剛)한 2효와 강한 상괘의 음유(陰柔)한 5효가 상응하면서 적폐청산을 주도하고 있습니다. 산풍고의 괘사가 의미심장합니다.

> 고는 으뜸으로 형통하다. 큰 내를 건너면 이롭다. 갑일 삼 일 전과 갑일 삼 일 후에 하면 된다.(蠱, 元亨, 利涉大川, 先甲三日, 後甲三日)《주역》

고(蠱)는 골치 아픈 일(事)을 의미합니다. 그런데 형통하다고 말하고 있습니다. 이것은 썩은 부위를 잘라내야 하는 힘든 일을 직면한 상황이지만, 큰 내를 건너는 것과 같은 결단을 하면 좋은 상황으로 바뀐다는 것을 암시하고 있습니다.

그런데 "갑일 사흘 전과 갑일 사흘 후에 하면 된다."고 합니다. 이 말은 무슨 뜻일까요? 갑일(甲日)의 삼 일 전은 신일(辛日)이고, 갑일의 삼 일 후는 정일(丁日)입니다.

신(辛)이 의미하는 바는 마음을 정갈하고 단단히 잡아야 한다는 것이고, 정(丁)은 정성을 다해 온 마음을 집중해야 한다는 뜻입니다. 신(辛)과 정(丁)이 특별한 날을 의미하는 것은 아닙니다. 시작부터 끝마무리까지 하늘의 이치에 맞게 섬세하고 인간의 도리를 다해 일을 처리해야, 적폐를 청산하고 후환을 남기지 않을 수 있다는 의미입니다.

적폐청산은 오랫동안 누적된 잘못을 고치는 일이기 때문에 쉽지 않습니다. 그래서 산풍고에서 그 일을 어머니와 아버지의 잘못을 고치는 일로 비유하고 있습니다. 자식이 부모의 허물을 고치는 것은 간단한 일이 아닙니다. 때문에 부드럽게 멈추는 중정(中正)의 도리로써 해야 한다는 점을 이 괘는 암시하고 있습니다.

산풍고의 또 다른 핵심은 6효(상구)에 있습니다. 상구는 정신적 스승의 위치입니다. 상구의 효사를 음미해보시죠.

왕후를 섬기지 않고, 일을 높이 숭상한다. 상사에서 이르기를, 왕후를 섬기지 않는다 했으니, 그 뜻을 본받을 만하다.(**不事王侯, 高尙其事. 象曰, 不事王侯, 志可則也**)《주역》

"왕후를 섬기지 않고, 일을 높이 숭상한다."라는 효사는 적폐청산이 어떤 특정 개인이나 집단의 이익과 영달을 위해 하는 일이 아니라,

천지인(天地人)의 도리를 회복하는 데 목적이 있다는 의미입니다.

수많은 혁명이 실패하는 원인을 여기에서 찾을 수 있습니다. 처음부터 사욕을 위해 거사를 하거나, 비록 처음의 뜻은 옳았지만 점차 그 뜻이 흐려진 경우에는, 결국 실패할 수밖에 없습니다. 시작과 과정이 모두 도리에 맞고 뜻이 바른 혁명은 그 결실이 오래갑니다.

한편 상구는 현대적으로 해석하면 사회의 원로에 해당하는 위치이기도 합니다. 사회원로는 어떤 특정 지도자나 지배 정당을 섬기지 말고, 나라의 장래를 위해 고뇌하고 모든 사람들에게 지혜를 제공해야 합니다. 원로의 자질은 삶의 지식과 지혜를 쌓아두고 자랑하는 데 있지 않고, 젊은 사람들에게 베푸는 데 있습니다. 그리고 미래사회는 원로가 오히려 후학들에게 배워야 하는 시대입니다. 말보다는 삶과 행동으로 젊은이들의 귀감이 되는 것이 좋습니다.

출입을 삼가고 양기를 키워야 할 시기

팬데믹 시대는 계절로 치자면, 겨울에 해당합니다. 역의 괘로 보면 지뢰복(地雷復)에 해당합니다. 절기로 보면 동지(冬至)와 대설(大雪)이 있는 음력 11월입니다.

한겨울에 세상이 멈춘 듯이 보여도, 지지(地支)는 새로운 시작인 자월(子月)입니다. 팬데믹으로 세상이 무너진다 해도, 다시 세상은 새롭게 일어나는 법입니다. 마치 한겨울에 세상이 정지한 듯 고요해도,

봄은 어김없이 오고 새로운 생명이 움트는 것과 다름이 없습니다. 겨울에 해당하는 시기에 새로운 활동을 대비하는 정신과 노력이 없다면, 사회는 발전할 수 없습니다.

괘상을 보면, 1효(초구)에 양효(陽爻)가 자리 잡고 있습니다. 상괘는 곤괘(坤卦)이고 하괘는 진괘(震卦)입니다. 음(陰)의 세력이 왕성한 가운데 양(陽)의 기운이 움트고 있는 것을 알 수 있습니다. 허물어진 상태에서 다시 일어나는 형국이므로 시작은 미약하지만, 앞으로 창대해질 기운을 내재하고 있습니다. 그래서 괘사는 나쁘지 않습니다.

> 복은 형통하다. 나가고 들어옴에 병이 없지만, 벗이 와야 허물이 없다. 도를 반복하여 칠 일 만에 돌아온다. 갈 바가 있으면 이롭다.(復, 亨. 出入无疾, 朋來无咎, 反復其道, 七日來復. 利有攸往)《주역》

"나가고 들어옴에 병이 없지만, 벗이 와야 허물이 없다."는 효사는 양기가 나갔다 다시 들어오는 것이 병이 아니고, 자연의 이치라는 사실을 말합니다. 그리고 아직 그 힘이 미약하므로 양기가 더 보충되어야 문제가 없다는 뜻입니다.

"도를 반복하여 칠 일 만에 돌아온다."는 말은 세상의 순환이치를 말하는 것입니다. 계절의 순환은 음역 4월 중천건(重天乾)을 기점으로 보면, 5월 천풍구(天風姤), 6월 천산돈(天山遯), 7월 천지비(天地否), 8월 풍지관(風地觀), 9월 산지박(山地剝), 10월 중지곤(重地坤), 그리고 11월 지뢰복(地雷復)으로 돌아갑니다.

여기서 볼 수 있는 것처럼, 원문의 '칠일래복(七日來復)'은 건괘(乾卦☰)인 갑(甲)에서 진괘(震卦☳)인 경(庚)에 이르는 기간이 칠 일이라는 주기를 갖고 있다는 의미입니다.

상사(象辭)의 해석을 보면, 지뢰복의 상황에서 우리가 어찌 처신해야 좋은지 알 수 있습니다.

상사에서 이르기를, 우레가 땅속에 있는 모습이 복이다. 선왕은 이로써 동짓날에는 관문을 닫고, 상인과 여행객들도 다니지 못하고, 제후도 지방을 시찰하지 않았다.**(象曰, 雷在地中, 復, 先王以至日閉關, 商旅不行, 后不省方)**《주역》

원문의 '폐관(閉關)'이란 말에서 알 수 있듯이, 팬데믹 상황에서는 출입을 삼가고 새로운 세상에 대비하는 것이 세상의 변화이치에 맞습니다. 물론 세상이 막히는 때에 본격적인 활동을 하는 분야도 있습니다. 묘하게도 음양의 순환하고 서로 보상작용을 하고 있기 때문에, 세상이 망할 것 같은 위기에도 다시 시작하는 법입니다.

팬데믹 상황은 우리의 생존에 큰 위협이 되고 있지만, 다른 한편으로는 우리가 새롭게 변화하고 비상할 수 있는 기회를 동시에 주고 있기도 합니다. 음양이 함께 하듯이, 위기도 기회와 동전의 양면처럼 붙어있기 때문입니다. 그러나 문명전환기에 위기를 기회로 만들기 위해서는, 철저한 자기성찰과 더불어 환골탈태의 노력을 기울여야 가능합니다.

　우리는 지금 유사이래 인류가 상상하지 못한 변화에 직면하고 있습니다. 이러한 상황에 걸맞은 변화를 실천하지 않으면, 존립할 수 없는 시점에 와 있습니다. 변화하지 않으면, 새로운 생존패러다임의 경쟁에서 뒤떨어질 수밖에 없기 때문입니다. 더욱이 주로 외국과의 무역에 의존하는 우리나라로서는 치명적인 위협이 아닐 수 없습니다.

　가장 좋은 변화는 스스로 변하는 것입니다. 외부의 압력으로, 수동적으로 변화하는 것은 불편할 뿐만 아니라, 때로는 큰 피해를 입을 수도 있습니다. 과거 역사에서 우리는 그 점을 뼈저리게 경험했습니다. 더 이상 과거의 전철을 답습해서는 안 되겠습니다. 이 점에서, 각 분야의 지도자들, 특히 정치 지도자의 각성이 필요합니다.

03

디지털혁명,
정치 역학(力學)의 변화

03

디지털 혁명,
정치 역학(力學)의 변화

우리는 한때 그리스 로마 시대가 민주주의 이상향인 것처럼 배웠습니다. 그러나 그 시대는 극소수의 자유 시민과 절대 다수의 노예로 이루어진 사회였습니다. 우리가 요즘 누리고 있는 자유민주주의와는 격이 다릅니다.

가장 이상적인 민주주의는 직접 투표에 의한 정책결정일 것입니다. 고대에는 공간, 통신 등의 문제로 직접 민주주의가 불가능했습니다. 또한 정보를 극소수만이 소유했기 때문에, 권력자를 우상화하는 정책이 가능했고, 무지한 많은 사람들이 그에게 절대복종했습니다.

근대 이후 교통과 통신 기술의 발전으로 생생한 민심을 직접 느끼고 전달할 수 있는 시대가 되었습니다. 지금의 민주주의는 직접 선거에 의해 대표를 뽑고, 대표자를 앞에 내세워 정치를 하고 있습니다. 비록 권력자를 우상시하는 풍조는 거의 사라졌지만, 아직도 민의(民意)가 제대로 반영되지 않는 문제가 남아 있습니다.

오십보백보(五十步百步)

　　지금 우리는 국회의원들을 뽑고, 그들이 국민을 대표해서 정치를 하고 있습니다. 따라서 그들은 국민의 권익을 대변해야 하는데, 실제로는 그렇지 않습니다. 자신의 이익이 마치 국민의 이익인 것처럼 내세우고 있습니다.

　　역대 대통령도 정도의 차이는 있지만, 이 점에서 예외가 없습니다. 비록 정당의 이익을 대변하는 자로서 대통령이 되었다 하더라도, 일국의 대통령은 나라의 이익과 장래를 위해 정당의 이익을 앞세우지 말아야 합니다.

　　물론 여기에는 한 가지 숙고할 문제가 있습니다. 그동안 사회의 균형이 한쪽으로 지나치게 치우쳐 있었기 때문에, 정당을 통해 그 균형을 회복하려는 몸부림이 있고, 그 결과 지금의 정당 간 싸움이 있는 것도 사실입니다. 정당한 경쟁은 불균형의 차이를 인정하는 것에서 출발할 수 있습니다.

　　그런데 정치인들의 싸움을 가만히 들여다보면, 한 가지 공통점이 있습니다. 자신들의 이익이 걸린 문제에 있어서는 전혀 다투지 않는다는 점입니다. 사회의 불균형을 오히려 자기들의 이익을 채우는 수단으로 삼는 경우가 많이 있습니다.

　　일부는 이런 문제의 원인을 정당정치의 폐해로 돌리기도 합니다. 그렇다면 정당이 없어지면, 문제가 다 해결될까요? 해결되는 문제도 있겠지만, 또 다른 문제들이 겹겹이 드러날 것입니다. 문제의 핵심은 정당정치 자체보다는 그것을 운영하는 정치인들과 국민들의 의식에 있습니다. 그 점에서 의식개선이 가장 중요한 문제입니다.

이 시대의 정치를 보면, 맹자의 오십보백보(五十步百步)의 말씀이 생각납니다. 정도의 차이는 있지만, 정치의 도리를 지키기보다는 자기 먼저 살기 위해 몸부림치는 것이 우리 정치의 현실입니다. 우리 정치의 근본적인 문제가 과연 무엇일까요? 우리 모두가 진지하게 생각해 볼 문제입니다.

본질은 좌우, 진보와 보수의 문제가 아니라, 진실의 문제입니다.

독재시절엔 공동의 적을 두고 민주시민사회가 진정한 자유와 민주를 위해 하나로 뭉쳤습니다. 하지만 지금은 돈이 공동 선(善)이 되어, 피아의 구분이 없습니다. 도덕성은 오히려 그때보다 못한 것 같습니다. 이익을 위해서는 서로 파괴하면서, 보호하는 모순된 관계가 정치 관계인 것 같습니다.

정보의 분산과 정치의 변화

결국 사람들의 의식이 깨여야 정치가 맑아집니다. 국민의 의식수준은 공개된 정보의 질과 양에 비례합니다. 다행히 세상의 변화 속도

중에서 정보의 분산 속도가 가장 빠른 것 같습니다. 발 없는 말이 천리 간다는 옛말이 있는데, 지금은 빛의 속도로 정보가 전송되어 갑니다. 봉건주의나 독재가 가능했던 것은 정보를 통제할 수 있었기 때문입니다.

중세유럽의 종교혁명이 성공할 수 있었던 것도 결국 인쇄술의 개발로 종교의 정보가 일반인에게 널리 전파되었기 때문입니다. 마찬가지로 봉건주의나 독재가 무너질 수 있었던 발판도 언론정보의 분산에 있습니다. 때문에 공산주의국가나 독재국가에서 가장 중점을 두는 것이 정보의 통제입니다.

정보의 분산은 막을 수 없는 대세입니다. 블록체인 기술에 근간한 정보의 공유시스템으로 세상은 진실을 숨기기 어려운 사회로 진입하고 있습니다. 진실이 드러나는 시간이 예전과 달리 즉각적으로 이루어지면, 언론통제가 어렵게 됩니다.

한편 사회의 바른 지도자들이 세상의 대변화를 인식하고 있더라도, 세상에 대놓고 그 상황을 이야기하지 못하는 이유가 있습니다. 세상의 변화가 단순한 변화를 의미하지 않기 때문입니다. 그것은 정치, 경제, 문화, 교육, 종교 등 삶의 모든 영역에서 새로운 가치체계를 세워야 하는 일입니다.

그런데 새로운 가치체계는 그에 따른 새로운 정치, 경제, 문화, 교육, 종교 등의 체질개선을 요구하게 됩니다. 따라서 그것은 기존의 가체체계에 근간한 사회구조를 뒤엎는 결과를 가져올 수 있습니다.

때문에 새로운 변화의 불가피성은 느끼지만, 그 변화를 먼저 말하거나 주도하기를 주저하게 됩니다. 예를 들어, 정치인은 표 때문에, 경제인은 기존의 사업 영역 때문에, 변화의 현실을 인식하고 있더라도 변화를 선도하기를 꺼리게 됩니다. 솔직히 말하면, 모든 사회 영역에서 밥그릇 구조 때문에, 사회의 변화가 쉽지 않습니다.

법과 제도가 변화의 가장 큰 걸림돌

사회의 변화에 있어서 가장 큰 문제는 구질서에 근간한 법과 제도가 새로운 변화를 가로막고 있는 데 있습니다. 법과 제도가 밥그릇의 구조와 연결되어 있기 때문에, 변화가 정말 힘듭니다.

사실 법과 제도는 사회의 질서를 유지하고 소통을 균형 있게 하는 데 필수적인 요소입니다. 그러나 문제는 사회가 고정되어 있지 않다는 사실에 있습니다. 더구나 지금은 변화속도가 너무 빠릅니다. 따라서 고정된 잣대로 모든 문제를 해결할 수 없습니다. 이 점에서 에머슨은 일관성을 '어리석은 일관성(foolish consistency)'이라고 질타했습니다.

어리석은 일관성은 옹졸한 정치인들과 철학자들과 신학자들이 숭배하는 범부들의 도깨비장난에 불과하다. 위대한 영혼은 일관성과 전혀 상관이 없다. 그것은 그가 벽에 생기는 자신의 그림자를 걱정하는 것과 같다. 그대가 현재 생각하는 것을 확고한 언어로 말하라. 비록 오늘 그대가 말한 모든 것과 모순될지라도, 내일은 내일 생각하는 것을 확고한 언어로 다시 말하라. 아, 그러면 그대는 분명 오해받을 것이다. 오해받는 것이 그렇게 나쁜 것인가? 피타고라스도 오해받았고 소크라테스, 예수, 루터, 코페르니쿠스, 갈릴레이, 뉴턴 등 육체를 가진 순수하고 현명한 정신은 모두 오해받았다. 위대한 것은 오해받는 법이다.(자립)

우리가 자신의 목소리를 내지 못하는 이유는 자기중심이 없기 때문입니다. 중심이 확고하지 않으면, 대중심리에 휩쓸리기 쉽습니다. 그런 의미에서, 천재에 대한 에머슨의 정의를 함께 음미해볼 필요가 있습니다.

자신의 생각을 믿는 것, 자신의 마음속에서 자신에게 옳은 것이 모든 사람들에게도 옳다고 믿는 것, 그것이 천재다.(자립)

우리는 인류의 공동목표인 평화와 공동 번영을 위해선 일관된 지향점을 유지해야 합니다. 그러나 그 방법론에 있어서는 상황에 맞게 변통할 수 있는 자신의 의지와 지혜가 필요합니다. 진정한 천재는 자신의 생각을 조화롭게 구현하는 방법을 아는 사람입니다.

변화 속에서 안정을 찾는 유일한 길은 변화의 대세 흐름에 따라가는 것밖에 없습니다. 물론 그 흐름에 매몰되지 않으려면, 중심은 잡아야 합니다. 이 점에서, 특히 정치인과 공무원은 무엇보다 사회의 변화에 맞게 융통성을 가지고 법과 제도를 해석하고 적용해야 미래사회를 대비할 수 있습니다.

예를 들어, 정보통신기술과 첨단 생명과학기술을 이용한 새로운 사업이 시장에서 성장하기 위해서는 새로운 사업이 자리를 잡을 수 있도록 법과 제도를 정비해줘야 가능합니다. 그러나 현실은 그렇지 못합니다. 기존의 폐쇄형 산업구조에 맞는 법과 제도는 새로운 개방형 융복합 산업의 성장을 막고 있습니다.

물론 새로 성장하는 IT 산업이나 플랫폼 산업을 개척하는 사업자도 윤리의식을 갖춰야 합니다. 새로운 사업은 국가경제에 반드시 필요하고, 그 육성을 위해 각종 혜택이 필요합니다. 그러나 이익만 추구하는 사업자라면, 정부의 혜택을 악용해서 폐쇄형 산업체제의 낡은 관행과 행태를 답습하기 쉽습니다. 기업윤리나 상도덕이 없다면, 새로운 산업을 추진해도 구시대의 잘못을 계속 반복할 수밖에 없습니다. 따라서 법과 제도의 개선과 더불어 사업자의 의식개선이 무엇보다 중요합니다.

공자와 노자의 정치철학

정치의 문제를 논할 때 공자의 정치관을 참고하는 것이 좋습니다. 도인정치를 가장 현실적으로 제시한 분은 공자입니다. 《논어》 중에서 정치를 논한 〈위정편(爲政篇)〉에서 공자는 뜬금없이 부모와 자식의 도리를 말씀했습니다.

부모는 오직 자식의 병을 걱정한다.**(父母唯其疾之憂)**《논어》

왜 공자는 정치를 논한 자리에서 이런 말씀을 했을까요? 공자의 원뜻은 자식이 부모를 섬기듯이, 군주를 섬기라는 뜻이 아닙니다. 반대로 부모가 자식을 걱정하듯이, 군주도 한 몸처럼 백성을 보살펴야 한다는 뜻입니다.

또한 공자의 말씀을 정치 관계로 확대해서 해석하면, 여야(與野)의 관계를 하나의 가족으로 볼 수 있습니다. 여야가 모여 나라의 정치체제를 이루고 있습니다. 따라서 여는 야를 걱정하고 보살펴야 하고, 야는 여가 잘 할 수 있도록 감독하고 합리적인 대안을 제시하는 것이 상식입니다.

우리 정치인들 중에 국민과 정치 상대를 자신의 가족과 같이 생각하는 사람이 과연 몇 명이나 될까요? 아마 거의 없을 것입니다. 정치적 도리가 없기 때문입니다. 여기에 정치의 근본적인 문제가 있는 것입니다. 아무리 제도나 법으로 정치를 개선해도 정치인의 근본적인 의식개선이 이루어지지 않는다면, 제도와 법을 오히려 역이용해서 자신의 이익을 취할 것입니다.

인간의 욕심은 끝이 없기 때문에, 가능하다면 대를 거듭하여 정치권력을 잡으려 할 것입니다. 정치세습의 피해를 가장 가까이서 볼 수 있는 나라는 일본입니다. 일본은 마치 계급사회처럼 대대로 한 가지

직업을 갖게 하는 사회구조를 갖고 있습니다. 조상이 하던 일을 세습해서 전문화하는 장점도 있지만, 이것은 또한 일본을 정체시키는 원인이기도 합니다.

이 점에서, 공자의 말씀과 더불어 정치의 근본원리로 삼아야 할 것은 노자의 말씀입니다.

> 공이 다하면 물러나는 것이 하늘의 도다.(功遂身退, 天之道也)
> 《도덕경》

동양의 전통적인 정치관은 국가를 하나의 대가족으로 보는 데서 출발합니다. 할아버지가 하던 일을 아버지가 계승하고, 아버지가 하던 일을 아들이 계승하는 식이죠. 그러나 오해하지 말아야 할 것은 그 가족의 개념이 직계 가족에만 한정하지 않았다는 사실입니다. 혈연관계를 떠나 뜻을 이어가는 사람을 진정한 가족으로 보았습니다.

현대적으로 해석하면, 아버지가 가장의 일을 할 수 없다면, 어머니가 할 수도 있고, 아들이나 딸이, 손자나 손녀가, 심지어 공동체의 누군가가 할 수도 있는 것입니다. 고대에 요순(堯舜)으로 이어지는 정치계보는 좋은 본보기가 되는 대표적인 사례입니다.

〈나의 아저씨〉를 통해 본 정치의 목적

2018년에 방영되어 세간의 화제를 모았던 드라마 〈나의 아저씨〉

가 있습니다. 이 드라마에서 우리는 공자와 노자의 핵심 정치철학이 주는 현대적 의미를 찾을 수 있습니다. 이 드라마는 고리대금업자에 게서 고통받는 여주인공 지안(至安)의 삶을 통해 우리 사회를 이끌어 가는 어른의 역할이 어떤 것인지 보여주고 있습니다.

지안의 아빠는 돌아가셨고, 엄마는 사채를 끌어다 생계를 유지했 지만, 빚을 감당하지 못하고 죽었습니다. 어린 나이에 엄마도 잃고, 그 빚을 그대로 물려받게 된 지안은 할머니와 단둘이 고리대금업자의 끈 질긴 학대에 시달리게 됩니다. 그의 지나친 폭행을 견디다 못한 지안 은 우발적으로 그를 죽일 수밖에 없게 됩니다.

비록 법정에서 무죄로 판명되었지만, 세상의 따가운 시선은 피할 수 없었습니다. 더욱이 어린 나이였기에 상속포기라는 제도를 몰라 서 고통의 인연은 대부업자의 아들로 이어졌습니다. 그 아들은 더 악 랄하게 지안을 괴롭혔습니다. 지안의 삶은 지옥이나 다름이 없었습니 다. 그러던 어느 날 다행히 박동훈이라는 '아저씨'가 나타나 지안을 고 통에서 해방시키게 됩니다.

이 드라마는 우리 사회의 상황과 크게 다르지 않습니다. 이 드라 마가 주는 상징적 깨우침을 확대해보면, 공자의 정치관과 노자의 철 학을 여기서 모두 느낄 수 있습니다. 비록 가족 중에는 지안을 가르칠 사람이 없었지만, 주위에 지안에게 밝은 길을 안내할 단 한 사람이라 도 있었다면, 지안이 그렇게 어둠 속에서 헤매지 않았을 것입니다. 마 찬가지로 비록 우리의 정치현실이 난장판이지만, 어른 같은 바른 정 치지도자가 단 한 사람이라도 있다면, 우리 사회는 길을 잃지 않을 수 있습니다.

사회 전체를 대가족으로 볼 때, 가장이 정해진 계통에만 있는 것이 아니라, 상황에 따라 역할로 주어진다는 사실이 중요합니다. 그리고 어떤 사람이 가장의 역할을 하든지 간에, 그 역할은 때가 있습니다. 그때가 지나면, 그 사람은 물러나는 것이 순리입니다. 마치 극중의 박동훈이 지안을 바른길로 안내한 후에 지안을 편안하게 놔주듯이, 정치지도자도 자신의 소임을 다하면 권력을 놓고 물러나야 합니다. 그래야 그 자신도 살고, 사회도 평화를 유지하게 됩니다.

〈나의 아저씨〉가 주는 또 다른 중요한 메시지는 박동훈이 지안을 구하는 과정에서, 그도 지안의 구원을 받는다는 사실을 보여주고 있습니다. 지안을 편안한 길로 인도하는 과정에서 동훈 자신도 편안해지게 됩니다.

이 사실을 정치에 적용하면, 여주인공 지안(至安)이란 이름이 암시하듯이, 정치지도자가 해야 할 첫 번째 일은 사회를 편안하게 하는 것이라는 사실을 알 수 있습니다. 삶이 안정돼야 행복감을 느낄 수 있습니다.

사회를 불편하게 하는 일은 비록 그 일이 대단해도 이루기 힘듭니다. 불안하지 않게 적절한 과정을 밟아서 큰일을 이루어야, 분란이 없습니다. 더불어 자신의 소임을 다하고 대가를 바라지 않고 물러나면, 그도 사회가 주는 편안함에 이르게 됩니다.

우리는 각자 시간과 공간의 변화에 따라 역할의 차이가 있고, 그 역할은 영원하지 않다는 사실을 잊지 말아야 합니다. 영원한 정치권력은 없습니다.

노블레스 오블리주

도리에 따르는 정치가 동양의 전유물은 아닙니다. 서양도 인본주의적 토양 위에서 비약적인 발전을 이루었습니다. 서양 사회를 유지하는 힘은 소위 '노블레스 오블리주(noblesse oblige)'라고 하는 지도층의 도덕적 의무를 중시하는 풍조라고 할 수 있습니다. 물론 그 정신은 지배계층과 피지배계층 간의 오랜 투쟁과 피의 대가로 생긴 것입니다.

사실 우리는 서양에 비해서는 민주주의 역사가 매우 짧다고 볼 수 있습니다. 한 가지 희망은 우리의 잠재된 도덕적 의식이 매우 높다는 점에 있습니다. 안타까운 점은 국민의 도덕적 수준에 비해 정치인의 도덕의식이 너무 낮다는 사실입니다. 대부분의 정치인이 국민에게는 법을 엄격히 요구하면서도, 자신의 잘못에 대해서는 지나치게 관대합니다.

정치지도자가 갖는 권리가 큰 만큼, 그의 도덕적 의무도 매우 큽니다. 서양은 민주화 과정의 수많은 경험을 통해 이 사실을 뼈저리게 인식하게 되었습니다. 그래서 서양의 법은 비교적 엄격합니다. 예를 들어, 미국에서 법규를 어기면 벌금이나 처벌이 엄청납니다. 법을 지키지 않을 수 없게 만들고 있습니다. 물론 그럼에도 불구하고 미국사회에서 법을 어기는 사람들이 적지 않습니다. 이것을 보면, 법보다 중요한 것이 사람들의 도덕의식이라는 사실을 알 수 있습니다.

견제와 균형의 정치

민주사회에서 가장 중요한 것은 국민의 균형의식입니다. 도덕적으로 완벽한 정치인을 기대하기 힘들기 때문에, 국민이 균형을 잡아줄 필요가 있습니다. 다행히 디지털혁명이 완성되면, 블록체인 기술에 의해 정보가 왜곡되지 않고 모든 사람에게 분산되게 될 것입니다. 그러면 직접 민주주의와 같은 효과를 누릴 수 있습니다.

예를 들어, 어떤 정치인이 어떤 사안에 대해 자신의 주장이나 정책을 내놓으면, 그것에 대해 사람들이 즉각적으로 반응하게 됩니다. 대표자를 선출해 정치를 하는 대의민주주의에서는 불가능한 일입니다. 집단지성에 의해 거의 실시간으로 정치의 불균형을 균형 있게 조율하는 작용이 이루어질 수 있습니다.

물론 여기에는 보편윤리의식이 전제되어 있습니다. 국민 스스로가 보편윤리의식으로 균형감을 갖추고 있지 않다면, 디지털혁명은 오히려 불균형을 고착화시키는 원동력이 될 것입니다. 따라서 이런 사태를 방지하기 위해서는 민주정치의 시스템 자체가 견제와 균형의 로직으로 짜져야 합니다. 견제와 균형이 무너지면 힘이 한쪽으로 쏠리는 것은 당연한 물리현상입니다.

힘이 한쪽으로 몰리면, 일시적으로 권력을 누리는 자가 생기게 됩니다. 이때 그 사람을 견제할 수 없는 상황이 오래 지속되면, 그 조직은 무너지게 됩니다. 그도 또한 함께 몰락할 수밖에 없습니다. 과거 수많은 왕조가 그랬고, 현대 정치사에서도 쉽게 볼 수 있습니다.

진영논리에서 벗어나야

중도를 단순히 가운데로 보는 일반적인 시각이 있는데, 이것은 잘못된 것입니다. 정치인들이 종종 중도 진보, 중도 보수란 말을 쓰고 있습니다.

중도 진보, 중도 보수란 말이 맞는 표현인가요? 매우 잘못된 표현입니다.

중도에는 좌와 우, 진보와 보수의 개념이 없습니다. 중도는 상대를 가르는 진영논리가 아니기 때문입니다. 중도는 진실이고, 진실은 어떤 곳에 특정하지 않습니다. 진실은 편재하기 때문입니다. 정치인 중에서 중도를 자신만의 정치철학으로 소유하고 싶어 하지만, 중도는 소유할 수 없습니다.

좌우 정치세력을 막론하고, 진실하지 않은 사람은 중도 정치인이라고 할 수 없습니다. 말이 아니라 행동을 보면, 정치인의 진실 여부를 알 수 있습니다. 말에 현혹되지 않아야겠습니다. 그런 의미에서, 이

미지 정치가 가장 무서운 것이라고 할 수 있습니다. 그 이미지에 가려진 실체가 드러나는 순간, 우리는 악몽을 경험하게 될 수 있습니다.

여기서 우리는 우리 자신의 실체에 대해 근원적인 성찰을 다시 해야 합니다. 앞서 나는 나를 볼 수 없고, 상대를 통해 나를 본다고 했습니다. 그래서 결국 나는 내가 마주하는 대상이라는 결론에 이르렀습니다.

그렇다면 우리는 무엇일까요? 나를 우리로 확장하면 답이 나옵니다. 그렇습니다. 우리도 또한 우리가 마주하는 상대입니다. 근본적 입장에서 보면, 결국 진영논리는 우리 자신을 부정하는 것이나 다름없습니다. 우리 자신을 부정하고 세운 정치는 어떤 말로 포장을 하든지 간에 진실할 수 없습니다. 그것은 중도정치가 아닙니다.

상대방이 우리의 반쪽이라는 사실을 모르는 정치인이라면, 그는 정치의 도리에 대해 모르는 자입니다. 우리 정치에는 아직 유교식 관념이 많이 남아 있습니다. 그런데 그 관념이 유교의 본뜻과는 사뭇 다릅니다. 원래 유교에서 지향하는 정치의 이상향은 대동세계(大同世界)입니다.

민주주의의 본뜻도 이와 다르지 않습니다. 대동사회를 이루기 위해서는, 정치판에서 진영논리를 펴는 자들의 의도를 잘 살펴야 합니다. 우리 정치를 보면 진보와 보수로 나누고 거기다 좌우의 이념까지 가미하고 있지만, 진정한 진보와 보수는 없습니다. 실제로는 자기 이익을 위해 진영논리를 이용할 뿐입니다. 우리는 진영논리에서 벗어나, 누가 좀 더 진실하고, 사회를 조화롭게 조율하고 통합할 수 있는 지도자인가를 봐야 합니다.

좌우, 진보와 보수는 상대적 개념일 뿐입니다. 양자가 각기 제 역할을 할 때만이, 사회가 안정을 찾을 수 있습니다. 서로가 전체를 구성하는 일부분입니다. 이 점에서 에머슨의 시 〈우화〉의 의미를 음미할 필요가 있습니다.

산과 다람쥐는
싸움을 했다.
전자는 후자를 '작은 좀도둑'이라 불렀다.
다람쥐는 대답했다.
'넌 확실히 너무 커.
하지만 모든 종류의 것들과 날씨가
천체와
한 해를 이루기 위해선
함께 고려돼야만 하지.
그리고 내 위치를 차지하는 것이
어떤 치욕도 아니라고 난 생각해.
내가 너처럼 크지 않고,
네가 나처럼 작지도
반쯤도 민활하지 않다면.

난 부정하지 않아. 네가 만든

참 예쁜 다람쥐 길을.

재능은 달라. 모든 것은 좋고 현명하게 놓여 있지.

내가 등에 숲을 질 수 없다면,

너는 도토리를 깔 수 없어.'(우화)

우리 정치에서 여야도 상대방의 잘못을 반면교사로 삼고, 잘하는 점은 배워야 사회가 발전합니다. 사실 여든 야든 권력을 잡는 경우를 보면, 상대방 덕분이라는 것을 우리는 매번 선거에서 확인할 수 있습니다. 때문에 상대방을 욕할 것이 아니라, 감사해야 하는 것이 순리입니다.

화이부동(和而不同)의 세상

아무리 좋은 것도 사용하는 사람에 따라 약이 될 수도 있고 독이 될 수도 있습니다. 디지털 혁명도 마찬가지입니다. 우리는 역(易)에서 모순과 갈등을 아우르는 총체적 지혜를 배울 수 있습니다. 먼저 화택 규(火澤睽)의 지혜를 참구해보겠습니다.

괘의 모습을 보면, 위에는 불을 뜻하는 이(離) 괘가 있고, 밑에는 연못을 뜻하는 태(兌) 괘가 있습니다. 규(睽)는 상하가 서로 어그러지고 반목하는 모습이지만, 묘하게도 사회는 모순과 갈등을 통해 발전하게 됩니다. 단사의 설명을 보시죠.

> 단사에서 이르기를, 규는 불이 움직이되 위로 가고, 못이 움직이되 아래로 감이다. 두 여자가 함께 있으나, 그 뜻이 하나로 행하지 않는다. 기뻐하며 밝게 빛나는 모습이다. 부드러운 음이 나아가 위로 가서, 가운데를 얻어 굳센 양에 호응한다. 이로써 작은 일은 길하다. 천지가 서로 다르지만 함께 일을 하며, 남녀가 서로 다르지만 뜻이 통한다. 만물이 서로 다르지만 일은 유사하다. 규의 때와 쓰임이 크다.(象曰, 睽, 火動而上, 澤動而下, 二女同居, 其志不同行. 說而麗乎明, 柔進而上行, 得中而應乎剛, 是以小事吉. 天地睽而其事同也, 男女睽而其志通也, 萬物睽而其事類也, 睽之時用大矣哉)《주역》

단사의 '두 여자'는 상괘 이(離)와 하괘 태(兌)를 의미합니다. 이는 불, 빛 외에 중간에 있는 딸을 상징하고, 태는 연못, 기쁨 외에 어린 막내딸을 상징합니다. 같은 딸이지만, 성향이 사뭇 다릅니다. 상괘 이는 위를 지향하고, 하괘 태는 아래를 지향하죠.

비록 서로 지향하는 뜻이 다르지만, 상괘의 중심인 5효(육오)와 하괘의 중심인 2효(구이)가 서로 상응하고 있습니다. 위아래의 중심에 민음과 중도가 있기 때문에, 비록 어긋나 있지만 일을 도모할 수 있습니다. 그래서 화택규의 괘사는 다음과 같습니다.

규는 작은 일은 길하다.(睽, 小事吉)《주역》

작은 것이 모여서 큰 것을 이룹니다. 작은 일이 반복되어 큰일을 성취합니다. "반복하는 것이 도다(反復道也)."라는 주역의 이치가 여기에 있습니다. 화택규는 모든 존재가 같지는 않지만, 조화를 이루는 세상의 모습을 보여줍니다.

정치인도 서로 지향하는 목표는 다르지만, 다름으로써 전체를 조화시킬 수 있습니다. 서로 다른 것이지, 틀린 것은 아닙니다. 따라서 서로 다른 것을 트집 잡을 것이 아니라, 다름을 계속 조율해서 조금씩 앞으로 나아가는 것이 정치인의 도리이자 자세입니다. 물론 어느 쪽을 막론하고 잘못된 것은 지향하는 방향과 관계없이 시정돼야 합니다.

여야를 왼발과 오른발에 비유할 수 있습니다. 우리 몸이 목표하는 곳에 이르기 위해서는 일직선으로만 갈 수 없습니다. 때로는 왼쪽으로, 때로는 오른쪽으로 방향을 돌려야 합니다. 그리고 때로는 천천히, 때로는 빠르게 가야 합니다. 그러자면 왼발과 오른발이 서로 다르지만, 끊임없는 조율을 통해 목표지점을 향해 나아갈 수밖에 없습니다. 이 조율작용이 무너지면, 몸의 균형도 무너지게 됩니다. 우리 사회도 마찬가지입니다.

규범을 세워 소통하라

일체 만물은 같은 것이 하나도 없지만, 자연은 자연법에 의해 스스로 그러하게 유지됩니다. 그러나 인간사회는 자연법에 의해 움직이지 않기 때문에, 전체를 아우르는 규범이 있어야 질서를 유지할 수 있습니다.

사회의 분란을 법과 제도로써 예방하고 질서 있게 소통하게 만들어야, 사회가 안정을 찾을 수 있습니다. 이 점에서 참고할 수 있는 괘가 수풍정(水風井)입니다.

괘의 모습을 보면, 상괘는 물을 상징하는 감(坎)이고, 하괘는 여기서는 나무를 상징하는 손(巽)입니다. 우물 속에 두레박을 드리운 모습을 상상하면 좋습니다. 먼저 괘사를 보시죠.

> 정은 마을은 바꿔도 우물은 바꾸지 않는다. 잃음도 없고 얻음도 없다. 오고 가는 이가 우물을 우물로 쓴다. 거의 이르러 우물에 두레박줄을 드리우지 못하면, 두레박이 깨진다. 흉하다.(井, 改邑不改井, 无喪无得, 往來井井, 汔至亦未繘井, 羸其瓶, 凶)
>
> 《주역》

고대에는 우물이 있는 곳이나, 우물과 멀지 않은 곳에 마을을 이루고 살았습니다. 지금처럼 수로나 배관이 발달하지 않은 시절에는 마을은 옮길 수 있어도, 우물은 바꿀 수 없었습니다. 하지만 우물의 물을 날라 여러 마을을 살릴 수는 있습니다. 그 점에서 《계사전》에서 "정은 그 자리에 있으나 옮김이 있다(井, 居其所而遷)."고 풀이한 공자의 해석은 탁월합니다.

우물을 지속적으로 사용할 수 있는 것은 우물의 물이 특별한 일이 없는 한 일정하게 유지되기 때문입니다. 하지만 상식적인 규칙이 있어야 우물을 누구나 공평하게 사용할 수 있습니다. 누구나 지켜야 하는 규범이 없다면, 두레박이 제구실을 하지 못할 것입니다. "거의 이르러 우물에 두레박줄을 드리우지 못하면, 두레박이 깨진다."는 말은 그런 뜻으로 해석할 수 있습니다. 우물을 다루는 공통 규범이 없다면 흉할 수밖에 없습니다.

균형을 잡고 폐단을 막아라

아무리 좋은 법과 제도도 모든 시대와 공간에 다 맞을 수 없습니다. 시류와 환경의 변화에 맞게 제도와 법도 고쳐야 사회가 안정을 유지할 수 있습니다. 특히 지금과 같은 문명전환기에는 변화가 빠르기 때문에, 끊임없이 균형을 조율해야 폐단을 막을 수 있습니다. 뇌택귀매(雷澤歸妹) 괘에서 그 지혜를 구할 수 있습니다.

뇌택귀매의 상괘는 진(震)이고, 하괘는 태(兌)입니다. 괘상을 보면, 연못 위에 우레가 치는 모습을 보여주고 있습니다. 연못의 물이 안정을 찾기 힘든 형국입니다. 때문에 괘사는 좋지 않습니다.

귀매는 가면 흉하다. 이로울 것이 없다.(歸妹, 征凶, 无攸利)《주역》

그 이유가 뭘까요? 사회의 변화는 인류문명사의 흐름에서 볼 때 당연한 현상이지만, 신구세대 간의 교체과정은 자연스럽지 않습니다. 사회의 구조와 질서가 새롭게 재편되는 과정에서 생존권 문제로 분란이 있을 수밖에 없기 때문입니다. 단사의 해석을 보시죠.

단사에서 이르기를, 귀매는 천지의 큰 뜻이다. 하늘과 땅이 교감하지 않으면, 만물이 일어나지 못한다. 귀매는 인간에게 끝과 시작이다. 기뻐하며 움직이는 것이 소녀를 시집보냄이다. 가면 흉하다 함은 위치가 합당하지 않기 때문이다. 이로울 것이 없다 함은 부드러운 음이 굳센 양을 탔기 때문이다.(彖曰, 歸妹, 天地之大義也. 天地不交, 而萬物不興, 歸妹, 人之終始也. 說以動, 所歸妹也, 征凶, 位不當也, 无攸利, 柔乘剛也)《주역》

진(震)은 장남이고 태(兌)는 어린 소녀인데, 여기서는 어린 처자가 나이 많은 장남에게 시집가는 상황으로 괘를 풀이하고 있습니다. 늙은이가 어린 소녀를 들이는 이유는 자식을 얻기 위함입니다. 집안의 가통을 잇기 위해서는 불가피한 일이고, 만물유전의 자연법칙이기도 합니다.

비록 가문을 이어야 하는 상황은 이해되나, 격식은 맞지 않습니다. 품격이 어울리지 않으면, 폐단이 생기게 됩니다. 문명전환기의 변화 상황과 다르지 않습니다. 어린 소녀는 새로운 문명의 흐름이고, 장남은 곧 쓰러질 구시대의 문명이라고 할 수 있습니다.

문명전환기에는 흉함이 많을 수밖에 없습니다. 왜 그럴까요?

그것은 기존 질서를 깨뜨리는 일이기도 하기 때문입니다. 뇌택귀매의 상황처럼 새로운 첩이 본처를 올라탄 경우가 됩니다. 그래서 잘못하면 분란이 날 수도 있습니다. 이것을 단사에서 "부드러운 음이 굳센 양을 탔기 때문이다."라고 풀이하고 있습니다.

구시대의 규범이 아무리 좋아도 새로운 시대의 환경에는 맞지 않을 수 있습니다. 문명전환기에는 특히 법과 제도가 새로운 변화를 막는 가장 큰 장애요소가 될 수 있습니다.

신구의 질서가 바뀌는 시점에서 우리는 어떻게 해야 할까요? 우리는 그 해답을 뇌택귀매의 5효(육오)에서 찾을 수 있습니다.

제을이 어린 딸을 시집보낸다. 왕비의 소매가 첩의 소매보다 좋지 못하다. 달이 거의 보름에 가깝다. 길하다. 상사에서 이르기를, 제을이 어린 딸을 시집보내는데 왕비의 소매가 첩의 소매보다 좋지 못하다 함은 그 위치가 가운데이므로 귀함으로 행한다는 뜻이다.(帝乙歸妹, 其君之袂, 不如其娣之袂良, 月幾望, 吉. 象曰, 帝乙歸妹, 不如其娣之袂良也, 其位在中, 以貴行也)《주역》

제을은 주역을 정리한 주문왕(周文王)의 장인입니다. 주문왕이 자신을 예로 들어 집안의 질서와 나라의 질서를 잡는 데 필요한 처신의 문제를 설명하고 있습니다.

육오는 음효(陰爻)인데 양위(陽位)에 있습니다. 음효가 양위에 있으므로, 크게 나서지 않는 형국입니다. 정처(正妻)에 해당하는 2효(구이)와 서로 상응하고 있습니다. 육오는 지체가 높은 위치에 있지만, 중도가 있고 자신을 낮추는 모습을 보이고 있습니다.

작은 것이 크게 되고, 나중 온 자가 먼저 되는 것은 자연의 이치입니다. 존귀한 위치에 오르기 위해서는 자신을 낮추는 겸양지덕을 갖추어야 한다는 사실을 육오는 얘기하고 있습니다. 그리고 무엇보다 육오와 같은 적당한 위치와 때를 기다린 후에 움직여야 탈이 없습니다.

문명전환기에 지도자가 새로운 질서를 세우고자 한다면, 몸을 낮추고 예를 갖추고 때에 맞게 움직여야 성공을 거둘 수 있습니다. 그리고 무엇보다 기존의 집안 어른과 겸손한 자세로 서로 소통을 하면서 변화를 모색해야, 큰 분란이 없다는 것을 뇌택귀매는 암시하고 있습니다.

역(易)의 이치에서 보면, 정치의 진보와 보수의 구분은 없습니다. 어제의 진보가 오늘의 보수가 되고, 오늘의 보수가 내일의 진보가 될 수 있습니다. 시공간의 변화에 따라 진보와 보수의 자리가 바뀔 수 있는 것입니다. 자연 속에 음양이 하나로 녹아있듯이, 우리 사회 안에 진보와 보수가 섞여 있습니다. 그리고 본질적으로 우리 자신 속에는 진보와 보수의 성향이 함께 내재해 있습니다.

따라서 우리 자신의 균형조율을 통해 좌우의 균형중심을 잡을 수밖에 없습니다. 자연의 음양이 융합하는 과정에서 새로운 생명력을 끝없이 발산하듯이, 진보와 보수의 조율 속에서 신문명사회를 탄생시킬 융합창의력을 이끌어낼 수 있습니다. 미래 사회의 융합창의력은 결국 인간사회의 조화와 균형에 달려있습니다.

04

음식남녀(飮食男女),
인간사회에 대한 공자의 결론

04

음식남녀(飲食男女),
인간사회에 대한 공자의 결론

    세상이 아무리 변해도 인간의 기본적 생존조건은 변하지 않습니다. 그것은 의식주(衣食住)입니다. 특히 먹는 문제는 그중에서도 가장 근본적인 문제입니다. 인간은 먹지 않고는 살 수 없습니다. 옷과 집은 남루해도, 음식은 최소한 활동을 유지할 만큼은 먹어야 삽니다. 아무리 문명이 발전해도 먹는 것에서 얻는 즐거움과 영양은 사라지지 않을 것입니다.

    그리고 배가 부르면, 바로 발동하는 것이 인간의 기본적인 욕구입니다. 인간사회가 존재하는 한, 남녀 간의 생식욕구와 그로부터 비롯된 인간의 온갖 욕망은 결코 사라지지 않습니다. 그래서 공자는 인간사회를 음식남녀(飲食男女)라고 한마디로 정의를 내렸습니다. 하지만 코로나는 인간의 생존패러다임을 근본적으로 전환하고 있습니다.

식문화의 근본적 변화

갈수록 기대수명이 점차 늘고 있지만, 의외로 의료시설이나 요양시설에서 외롭게 생을 마감하는 사람들이 늘고 있습니다. 병원이나 요양원에서 오래 사는 것을 행복한 삶이라고 말하기 힘듭니다. 가족과 더불어 행복하게 살다가, 편안하고 존엄하게 죽어야 오래 사는 의미가 있습니다.

이 점에서 식습관은 매우 중요합니다.

예전 보릿고개 시절엔 못 먹어서 죽는 사람이 적지 않았다면, 요즘은 지나치게 먹거나 식습관이 좋지 않아서 죽는 사람이 많습니다. 각종 성인병과 암 등은 균형을 잃은 식생활과 밀접한 연관이 많습니다.

우리는 대체로 필요 이상으로 지나치게 먹고 있습니다. 지나친 식습관으로 인해, 먹는 것에 비례해서 버려지는 음식물도 늘고 있습니다. 완전한 소비가 이루어지지 않은 결과입니다. 조화로운 생명 순환의 차원에서는 적절한 소비가 미덕입니다. 그런 의미에서, 적절한 소비란 생명의 유지와 활동 그리고 건강에 필요한 만큼을 소비하는 것입니다.

언택트(Untact) 시대, 생명 순환의 문제

우리가 먹는 것이 우리 몸을 만듭니다. 말하자면 음식이 우리 자신과 다르지 않습니다. 우리는 자연에서 와서 다시 자연으로 돌아갈 수밖에 없습니다. 우리 자신도 자연의 일부라는 사실을 염두에 두고,

생명 순환의 문제를 생각하는 것이 좋습니다.

산업화 이후 인간의 생존에 가장 위협적인 요소가 환경오염입니다. 환경오염은 대량생산과 대량소비가 가져온 불가피한 문제입니다. 대량생산은 인류생존에 있어서 양면의 칼과 같습니다. 그 덕에 많은 사람들의 먹고 사는 문제가 해결되었습니다.

그러나 다른 한편으로 환경파괴로 인해 오히려 인간의 건강한 생존을 위협하는 결과를 초래했습니다. 예를 들어, 대량유통을 위해 만들어진 플라스틱, 오염된 음식쓰레기 등이 그대로 바다나 산과 들에 버려지면서, 환경유해물질을 먹고 자란 동식물들이 다시 우리 식탁에 오르게 되었습니다.

이제 생활쓰레기는 지구 차원의 생태계문제가 되고 있습니다. 우리가 위생을 위해 만든 것들이 오히려 우리의 생명을 위협하는 아이러니한 상황이 벌어지고 있습니다.

더욱 심각한 것은 코로나로 촉발된 비대면 사회가 필요 이상의 환경유해물질을 만들어내는 데 있습니다. 사람들이 집이나 사무실에서 간편하게 주문하는 음식이나 제품에는 필요 이상의 포장용기들이 포함되어 있습니다. 팬데믹 상황을 종식시키기 위해서는 건강한 생명 순환의 회복이 필수적입니다. 그러나 지금의 소비 패턴은 이 문제를 해결할 수 없습니다. 오히려 문제를 더욱 악화시키고 있습니다.

어떻게 하면, 생명을 조화롭게 순환시킬 수 있을까요?

우리는 여기서 다시 한 번 삶의 본질을 생각해볼 필요가 있습니다. 우리는 현재 소비가 미덕이라는 환상 속에 있습니다. 과소비를 조장하는 경제 환경에서 살고 있습니다. 그러나 과소비에는 눈에 보이지 않는 불균형이 내재되어 있다는 사실을 우리는 망각하고 있습니다.

정부나 경제단체에서 경기를 회복시키기 위해 음식소비를 장려하고 있습니다. 부분만 보면, 틀리지 않는 정책입니다. 그러나 생존패러다임의 전환이라는 관점에서 보면, 단순한 소비 장려로는 문제가 해결되지 않습니다.

보다 근본적으로는, 정부 차원에서 새로운 음식문화와 그와 관련한 새로운 산업을 발굴하도록 해야 합니다. 구시대의 단순한 음식소비산업 구조를 단계별로 조율해서 새로운 융합 음식문화산업으로 업종 전환하는 데 자금을 쓰는 것이 바람직합니다.

지구 생태계 문제는 단순히 식료품만의 문제는 아닙니다. 모든 제품의 소비와 공급이 균형을 이루는 것이 지구 환경을 깨끗하게 유지하고 바이러스를 없애는 궁극적인 방법일 것입니다. 코로나로 자원의 조화로운 순환이 지구적 차원에서 더욱 더 중요한 문제가 될 수밖에 없습니다.

다행히 사물인터넷과 인공지능기술의 발달로 앞으로 생명자원의 개발과 안전한 관리 그리고 적절한 소비가 조율될 수 있는 기반이 마련될 수 있습니다. 생산, 유통, 그리고 소비 사이의 정보가 왜곡되지 않으면, 식료품의 불필요한 낭비를 막고, 생명의 조화로운 순환이 이루어질 수 있습니다.

건강음식문화의 필요성

팬데믹 상황이 지속되면, 음식소비문화는 단순히 많이 먹고 즐기는 차원을 넘어서게 될 것입니다. 맛과 풍미도 중요하지만, 무엇보다 건강에 도움이 되는 식품을 찾을 수밖에 없습니다.

다행히 우리나라는 물이 좋고 토양이 좋습니다. 몸에 좋은 미네랄이 우리 산하에 많이 내장되어 있기 때문입니다. 더구나 사계절이 뚜렷해서 면역력을 높이는 약용 동식물들이 많이 자랍니다. 예로부터 진시황제가 불로초를 찾을 정도였습니다.

때문에 우리 산천은 몸에 좋은 약초와 농산물 재배에 유리합니다. 또한 삼면이 바다인 덕에 해산물도 풍부합니다. 사람들이 좋은 기후에 약성이 높은 음식을 먹고 자라서인지 몰라도, 우리나라는 팬데믹 상황인데도 불구하고 다른 나라보다는 전염병 확산이 비교적 적습니다.

인공적으로 재배된 채소보다는 자연 상태에서 자란 식물에서 생리활성 물질과 건강 기능성이 강하게 나타납니다. 한국의 산야에 있는 약선 식물이 체내 중금속의 분해, 배출, 그리고 건강기능성에 있어서 탁월한 효능을 보인다는 사실이 여러 논문에 발표되고 있습니다. 우리 민족이 수많은 국난에서도 살아남은 비결 중의 하나는 나물 문화에 있다고 해도 과언이 아닙니다. 산속에 피신해서 지천에 깔린 풀과 나무를 적절히 양념하고 요리해서 생명을 유지할 수 있었습니다.

　우리 자연이 갖고 있는 약성을 잘 살리는 음식을 개발하면, 국민 건강에 많은 도움이 될 수 있습니다. 그러나 약성을 지닌 것들은 맛이 문제입니다. 특히 미래사회의 주역이 될 어린이들은 미각과 후각이 예민해 특이하거나 쓴맛에 거부감을 많이 갖고 있습니다. 따라서 독소제거의 약선 기능을 살리면서도 맛있게 만드는 연구가 무엇보다 중요합니다.

　금수강산에 지천인 약용동식물을 잘 활용한다면, 팬데믹으로 고통받는 인류를 구할 새로운 물질을 개발할 수도 있습니다. 시대의 요구에 맞춰, 약용동식물을 가공해서 약선 건강식품으로 개발하는 노력이 좀 더 다양하고 전문적으로 이루어져야겠습니다. 이러한 일을 보다 효율적으로 진행하기 위해 활용 가능한 모든 과학기술과 시스템을 융합한 6차 산업형 건강음식문화 사업을 제안할 수 있습니다.
　예를 들어, 융합 스마트팜 음식문화시스템을 통해 건강식품을 활용한 약선요리 레시피와 반가공된 식재료를 소비자에게 공급할 수 있습니다. 소비자는 집에서 건강한 식재료를 제공된 레시피에 따라 호텔 셰프처럼 쉽게 요리해서 먹을 수 있습니다.

　한편 고령사회로 전환됨에 따라 노인의 건강이 사회의 걱정거리가 되고 있습니다. 인구가 급격히 감소하고 있는 상황에서 국가의 재정압박을 줄이기 위해서는, 의료비용을 낮추고 동시에 삶의 질을 향상시키는 예방의학에 중점을 두어야 할 때입니다. 건강한 먹거리 문화산업의 필요성이 더욱 커지는 이유이기도 합니다.

아마도 멀지 않은 장래에 3D프린터기에 레시피만 입력하면 원하는 음식이 자동 조리되어 즐기는 일이 일반화될 것입니다. 그렇게 되면 특별한 매력이 없는 식당은 점점 사라질 수밖에 없습니다. 일반식당과 매점을 3D프린터기가 차지할 수도 있습니다. 이것이 상용화되면, 각자 취향에 따라 레시피를 입력만 하면 원하는 음식을 간단하게 즐길 수 있게 됩니다.

앞으로 단순히 음식만 조리해서 제공하는 것보다는 음식, 건강, 문화 등이 결합된 형태의 융합 음식문화사업이 중요한 화두가 될 것입니다. 융합 스마트 시스템을 통해 건강한 식문화 보급이 자연스럽게 일반 소비자에게 이루어지는 부수적인 효과도 누릴 수 있습니다.

먹고사는 문제에도 도리가 있다

주역 64괘 중에서 음식에 관한 괘는 수천수(水天需), 산뢰이(山雷頤), 화풍정(火風鼎) 등을 들 수 있습니다. 이 중에서 화풍정은 음식 조리를 예로 들어 개혁을 완성하는 과정을 1장에서 말씀드렸습니다.

음식의 대의를 밝힌 괘는 수천수(水天需)입니다. 수(需)에는 믿음과 기다림 그리고 필수품의 뜻이 동시에 내포되어 있습니다. 인간에게 가장 필요한 것이 무엇일까요? 그 힌트가 수천수의 괘상에 담겨있습니다.

상괘는 물을 상징하는 감괘(坎卦)이고, 하괘는 하늘을 상징하는 건괘(乾卦)입니다. 물이 위에 있고 하늘이 밑에 있는 것은 생명의 순환을 뜻합니다. 자연의 생명 순환은 자연의 법칙에 따라 스스로 그러하게 유지됩니다. 그러나 인간의 생명 순환은 엄격한 질서와 도리를 따라야 혼란이 없습니다. 단사는 그러한 경계의 뜻을 함축하고 있습니다.

단사에서 이르기를, 수는 기다림이다. 앞에 위험이 있지만 강건하므로, 위험에 빠지지 않는다. 그 뜻은 곤궁한 상황에 빠지지 않는다는 의미다. 수는 믿음이 있는 것이고, 빛나면 형통하고, 올곧으면 길하다 함은 하늘의 자리에 위치하면서 정중하기 때문이다. 큰 내를 건너가면 이롭다 함은 나아가면 공을 세울 수 있다는 뜻이다.(象曰, 需, 須也. 險在前也, 剛健而不陷, 其義不困窮矣. 需, 有孚, 光亨, 貞吉, 位乎天位, 以正中也. 利涉大川, 往有功也)《주역》

수는 기다림이자 인간에게 필수적인 음식을 상징합니다. 생명의 자양분을 기다리는 것은 믿음을 전제로 합니다. 믿음이 없다면 기다릴 수 없습니다. 자연은 일정한 순환의 법칙을 가지고 있습니다. 자연법칙에 따라 모든 생물이 때를 기다리며, 생명을 키워내고 있습니다. 계절마다 새로운 꽃이나 과실을 낼 수 있는 것은 자연법칙에 대한 철저한 믿음과 기다림의 생명정보가 모든 식물에 내장되어 있기 때문입니다.

자연의 생명 이치는 우주 변화에 따라 거의 정해져 있습니다. 천도(天道)는 일정하지만, 인도(人道)는 그렇지 않습니다. 인간의 생존에 필수적인 음식의 도(道)를 지키기 위해서는 도리와 질서를 지켜야 합니다.

하괘의 2효(구이)가 중심을 단단히 잡고 굳건한 역할을 제도로 해야 분란이 없습니다. 밥그릇을 잘못 다루면 반드시 싸움이 나기 때문입니다. 상괘 5효(구오)도 바른 뜻을 잃지 않고 중정(中正)해야 생명의 질서를 유지할 수 있습니다. 먹고사는 문제가 도리에 맞게 해결되면, 장차 큰일을 도모할 수 있습니다.

주역의 해석은 문자 그대로 하면 안 됩니다. 그리되도록 도리를 다하라는 뜻으로 받아들이는 것이 무난합니다. 상사의 해석도 그렇게 보면 됩니다.

상사에서 이르기를, 하늘 위에 구름이 있는 모습이 수다. 군자는 음식을 먹고 잔치를 베풀며 즐긴다.(象曰, 雲上于天, 需. 君子以飮食宴樂)《주역》

물은 위에 있으면 구름이 되고, 하늘이 밑에 있으면 공기가 됩니다. 물과 공기의 순환이 자연의 생명양식을 만드는 기본 구조입니다.

사회에 생명 순환이 잘 되면, 사람들이 안심하고 음식과 여흥을 즐길 수 있습니다.

그러나 사람들은 배부르고 편안하면, 절제하지 못하고 지나치게 소비하고 쾌락을 즐기는 습성이 있습니다. 구오의 효사는 이에 대한 경책의 의미를 함축하고 있습니다.

> 술과 음식을 먹으며 기다린다. 올곧으면 길하다. 상사에서 이르기를, 술과 음식을 먹되 올곧으면 길하다 함은 중정하기 때문이다.(**需于酒食, 貞吉. 象曰, 酒食貞吉, 以中正也**)《주역》

술도 음식입니다. 술은 체질에 맞게 적당히 먹으면 기분전환을 시키고, 인간관계를 부드럽게 하는 측면이 있습니다. 그러나 과도하면 광기를 부릅니다. 사회의 부조리가 상당 부분 지나친 음주와 연관되어 있습니다. 주도(酒道)를 지켜야 문제가 없습니다.

음식에도 먹는 도리가 있습니다. 자신의 일과 체질에 맞게 적당히 먹어야, 에너지 효율이 높고 건강에도 좋습니다. 때문에 술과 음식은 때가 있고 절제가 필요합니다. 기다림과 중정(中正)의 미학이 필요한 이유입니다.

양육의 도리

자연의 생명에너지가 하는 일은 만물을 건강하게 양육하는 것입니다. 음식도 인간을 바르게 양육하는 데 가장 큰 효용이 있습니다. 바른 양육에는 절도가 필요합니다. 양육의 도리는 산뢰이(山雷頤) 괘에서 찾아볼 수 있습니다.

괘의 형상 자체가 턱과 치아의 모습을 보여주고 있습니다. 상괘는 산을 뜻하는 간(艮)이고, 하괘는 천둥을 뜻하는 진(震)입니다. 마치 음식을 씹을 때처럼, 위는 단단히 고정되어 있고 아래턱이 움직이는 모습이 그려집니다. 음식을 먹는 목적이 단사의 해석에 나와 있습니다.

단사에서 이르기를, 이는 올곧으면 길하다 함은 바름을 기르는 것이 길하다는 뜻이다. 턱을 살핀다 함은 기르는 바를 관찰하는 것이다. 스스로 음식을 구한다 함은 스스로 기름을 관찰하는 것이다. 천지가 만물을 기르고, 성인이 현인을 길러 만민에게 미치게 하니, 이의 시대적 의의가 크도다.(象曰, 頤, 貞吉, 養正則吉也. 觀頤, 觀其所養也, 自求口實, 觀其自養也. 天地養萬物, 聖人養賢以及萬民, 頤之時大矣哉)《주역》

인재를 양육하는 큰 목적은 사회의 바른 일꾼으로 성장시키기 위함입니다. 음식을 먹는 작은 목적은 스스로 강건하게 자립하기 위함입니다. 전자나 후자나 크게 보면 그 목적이 다르지 않습니다.

한편 먹는 음식이 자기 자신을 이룹니다. 우리의 세포는 우리가 먹는 음식의 영양분으로 이루어지기 때문입니다. 이 점에서 무엇을 어떻게 먹느냐가 매우 중요합니다. 바른 먹거리와 더불어 음식문화가 바른 인간을 만드는 초석입니다. 상사에서 이것을 경책하고 있습니다.

상사에서 이르기를, 산 아래에 우레가 있는 모습이다. 군자는 이로써 언어를 삼가고 음식을 절제한다.(象曰, 山下有雷, 頤, 君子以愼言語, 節飮食)《주역》

우레와 번개가 칠 때는 조심해야 합니다. 마찬가지로 술과 음식이 과하면, 언행을 조심해야 합니다. 술에 취하면 대개 언행이 거칠어지기 때문입니다. 따라서 수천수(水天需)의 구오에서도 경책했듯이, 중정(中正)을 지켜야 합니다. 이 점에서, 산뢰이의 육이가 중정한 위치에 있어서 움직임의 중심을 잡을 수 있습니다. 그리고 상괘에는 움직임을 절제시키는 의미의 간(艮)이 있습니다.

음식을 잘 씹는 목적은 영양분을 고루 인체에 공급하기 위함입니다. 이러한 이치는 인간사회에도 그대로 적용됩니다. 인간관계는 끝없는 상호작용으로 이루어집니다. 그 작용이 원만하지 않으면 사회의 문제가 됩니다. 산뢰이의 육이와 육오의 관계처럼, 인간사회는 음양이 조화를 이루고 있지 않습니다. 원만하지 않은 관계를 원만하게 만드는 데 인생의 묘미가 있습니다.

남녀관계의 변화

　인간관계의 기초를 이루는 남녀관계도 마찬가지입니다. 서로 전혀 성향이 다른 남녀가 만나서 가정을 이루고, 나아가 사회를 이룹니다. 서로 다르기 때문에 한편으로 서로를 애타게 찾고, 다른 한편으로 서로 치열하게 싸우게 됩니다.

　남녀관계의 기본 개념이 사회구조를 결정합니다. 그래서 공자는 《시경》을 편찬하면서 남녀의 사랑에 관한 시를 가장 먼저 실었습니다. 〈관저(關雎)〉라는 제목으로 알려진 이 시의 앞부분을 한 번 감상해 보시죠.

> 구우구우 짝을 찾는 물수리새 물가에 노닌다.
> 아리따운 아가씨는 군자의 좋은 배필이라네.
> 다채로운 노랑어리연꽃 물 위 이리저리 흐른다.
> 아리따운 아가씨를 자나 깨나 그리워하네.
> **(關關雎鳩 在河之洲.**
> **窈窕淑女 君子好逑.**
> **參差荇菜 左右流之.**
> **窈窕淑女 寤寐求之.)**《시경》

　배고픔이 해결되면 제일 먼저 생각나는 것이 이성(異性)입니다. 더군다나 젊은 청춘들은 그 열망이 지극합니다. 밤낮으로 그리워하고 찾아다닙니다. 이 심사가 인간사회를 구성하는 기본 원리입니다. 공자는 그것을 간파하고 건전한 풍속을 정립하고자 《시경》의 서두에 이 시를 배치한 것입니다.

공자가 정리한 시는 상당히 격조가 있습니다. 이 보다 실질적인 남녀관계는 에머슨의 시 〈사랑에 모두 바쳐라〉에서 볼 수 있습니다. 〈관저〉와 비교해서 감상해보시죠.

모든 것을 사랑에 바쳐라.
그대의 마음에 복종하라.
친구, 친척, 세월,
재산, 명성,
계획, 신용, 그리고 시신(詩神)
어느 것도 사랑을 물리칠 수 없다.

사랑은 용감한 주인.
영역을 갖게 하자.
완전히 사랑을 따르라.
끝없는 희망으로.
높이 그리고 더 높이
사용되지 않은 날개와
숨겨진 의도로
사랑은 인생의 정오 속으로 뛰어든다.
그러나 사랑은 신(神)이며,

자신의 길과
하늘의 출구를 안다.

사랑은 결코 비열한 자를 위한 것이 아니다.
사랑은 굳센 용기를 요구한다.
의심치 않는 영혼들과,
굽히지 않는 용기에,
사랑은 보답할 것이다.
보다 나은 모습으로,
그리고 늘 상승하며,
그들은 돌아올 것이다.

사랑을 위해 모든 것을 남겨라.
하지만, 나의 말을 들어라.
그대의 마음에 필요한 한마디를 더,
굳은 노력의 맥박을 한 번 더.
오늘, 내일, 영원히,
그대의 사랑하는
아랍인처럼 자유롭게
그대를 유지하라.

그 처녀에게 온몸을 다 바쳐 매달려라.
하지만 놀라움,

추측의 막연한 첫 번째 그림자가

그대와 동떨어진 채 기쁨에 찬

그녀의 젊은 가슴을 스쳐 지나갈 때

그녀는 자유롭고 분방하게 되리라.

그대는 그녀의 옷자락을 붙잡지도 말고,

그녀의 여름 왕관으로부터

그녀가 던진 창백한 장미를 붙잡아도 안 된다.

비록 그녀를 그대 자신처럼 사랑한다 할지라도,

보다 순수한 흙으로 된 존재로서 그랬다 할지라도,

비록 그녀의 이별이 대낮을 어둡게 하고,

살아 있는 모든 것으로부터 아름다움을 뺏을지라도,

충심으로 알라.

반신(半神)들이 가면,

온전한 신(神)들이 도착함을.(사랑에 모두 바쳐라)

남녀 간의 실질적인 사랑을 이처럼 본질적으로 그려낸 시도 드뭅니다. 사랑이 찾아오면 우리는 사랑의 마법에 빠질 수밖에 없습니다. 사랑의 감정은 심리의 변화와 생리적 변화를 동반하기 때문에, 사랑의 힘을 거부할 수 없습니다. 그래서 에머슨은 사랑을 신(神)으로 묘사했습니다.

그러나 불행하게도 사랑은 영원하지 않습니다. 지고지순한 사랑은 매우 드뭅니다. 그래서 그런 사랑이 더욱 아름다운 것 같습니다.

무엇보다 현실의 사랑은 하나가 아닙니다. 이 시의 결론에서 비유한 것처럼, 사랑의 신은 복수입니다. 여기에 인생의 모순이 있습니다. 행복과 불행은 이 모순을 슬기롭게 대처하는 데 있습니다.

물론 남녀관계의 구조는 시대와 풍속의 변화에 따라 많은 차이를 보이고 있습니다. 고대에는 모계사회였습니다. 남자는 나가서 먹을 것을 사냥해오고, 여자가 집안을 다스리는 구조입니다. 한 여자가 여러 남자를 상대하면서 자식을 낳고 길렀을 뿐만 아니라, 공동체의 중심 권력이 여자에게 있었습니다. 지금도 이런 전통이 지구촌 일부 지역에 남아 있습니다.

부계사회로 전환되면서 가정과 사회의 권력이 남자에게 넘어갔습니다. 여자는 애 낳고 기르면서 남자의 시중을 드는 것이 부녀자의 덕행이 되었습니다. 그러나 자본주의사회에 들어서면서 서서히 남자 중심의 사회전통이 깨지기 시작했습니다.

지금은 양성평등사회에 우리는 살고 있습니다. 그러나 아직도 부계사회의 전통이 우리 사회에 남아 있습니다. 때문에 사회 곳곳에서 세대 간, 남녀 간 갈등이 적지 않습니다.

현재 여성의 경제활동 범위가 확대되면서, 결혼과 출산에 대한 인식이 크게 변하고 있습니다. 복합적인 요인들로 인해 신생아 인구가 급격히 줄고 있습니다. 양성평등사회라고 말은 하지만, 실제 현실은 여성이 양육과 일을 병행하기 힘든 구조입니다. 특히 아이가 어릴수록 더욱 그렇습니다.

한편 결혼 유지에 필요한 최소한의 의식주에 소요되는 비용이 너무 많습니다. 더욱이 우리는 교육열이 높기 때문에, 학원비와 같이 방과 후 과외활동비로 들어가는 비용도 만만치 않습니다. 이 때문에 결혼 후 아이를 하나만 낳거나, 아예 아이를 낳지 않겠다는 부부도 점차 늘고 있는 추세입니다. 심지어 결혼을 포기하는 젊은이도 적지 않습니다. 환경이 열악한 농촌은 그 현상이 더욱 심각합니다.

저출산 문제에는 여러 가지 요인들이 있습니다. 그중에서도 아이를 편하게 낳고 기를 수 있는 외부적 환경조성이 아직 부족하다는 사실이 가장 부각되고 있습니다. 그 문제를 해결하기 위해 천문학적인 예산이 들어갔습니다. 지난 15년간 저출산 문제를 해결하기 위한 정부예산을 모두 합치면 380조 원이 넘는다고 합니다.

그런데 문제는 해결되지 않고, 더욱 심화되고 있습니다. 그렇다면 문제의 원인을 근본적으로 해결하지 못한 것으로 볼 수 있습니다. 왜 그럴까요?

물론 인구정책 방향이 잘못된 것도 큽니다. 그리고 그동안 정부예산이 효과적으로 집행되지 못한 원인도 매우 큽니다. 그러나 인구가 줄어드는 가장 근본적인 원인은 다른 곳에 있습니다.

그것은 남녀관계의 변화와 인적 자원의 변화입니다.

미래에는 다시 새로운 형태의 모계중심사회로 돌아갈 개연성이 높습니다. 물론 고대의 모계사회와는 완전히 다른 형태가 될 것입니다. 모든 것이 전자화되고 기계화되면서 남자가 힘쓸 일이 점점 줄어들고 있습니다. 그리고 여성도 남성 못지않게 교육을 통해 전문화되고 각 분야에서 능력을 발휘하고 있습니다. 그래서 이제는 남자의 도움 없이도 여자 혼자 충분히 살 수 있습니다. 오히려 여자가 남자를 부리면서 살기 편한 사회가 될 수 있습니다.

고대 모계사회에서는 능력 있는 여자가 여러 남자, 그중에서도 뛰어난 남자의 씨를 받아서 많이 낳아 길렀습니다. 부계사회에서는 반대로 능력 있는 남자가 여러 여자를 거느리고 아이를 많이 낳아 자기의 세력을 키웠습니다. 모계사회나 부계사회나 공통적으로 인구수가 부족(部族)이나 국가의 자원이 되는 세상이었습니다.

그러나 지금은 그렇지 않습니다. 더구나 앞으로 문명전환이 완성되는 특이점 시대가 되면, 인구가 자원이 되는 시대는 끝이 납니다. 아마도 인공지능화된 로봇이 힘들고 어려운 일을 대신하게 될 것입니다. 따라서 앞으로는 단순히 인구수가 아니라 인재의 질이 중요한 시대입니다.

인구정책의 방향을 외부적 요인에 맞추기보다는 인류문명의 새로운 전환에 따른 남녀관계의 근본적 변화에서 출발해야 합니다. 인간은 이성적인 존재이면서 동시에 지극히 감성적인 존재입니다. 특히 여성은 그 경향이 높습니다.

따라서 급격한 인구감소를 막으려면, 가족제도를 포함한 전반적인 사회제도에 대한 인식을 근본적으로 바꿀 필요가 있습니다. 물질만능사회의 폐단을 줄이고 정신문명과 물질문명이 조화를 이루는 사회구조와 인식체계를 세워야 합니다.

인식변화뿐만 아니라, 그에 상응하는 사회보장 체계가 제도화돼야 합니다. 신여성은 구시대적 가족제도 자체에 대해 거부감을 갖고 있습니다. 때문에 결혼을 기피하고, 어렵게 결혼을 한 부부도 이혼하는 경향이 늘고 있습니다.

따라서 결혼, 육아, 교육, 노인봉양, 장례, 제사 등 일체의 가족제도를 양성평등의 사회에 맞게 다시 일신할 필요가 있습니다. 봉건사회의 유물인 가부장적인 사회제도로는 인구의 감소를 막을 수 없습니다.

무엇보다 여성이 편안하게 아이를 낳고 기를 수 있는 새로운 가족문화가 만들어져야 합니다. 더불어 양성평등에 걸맞은 새로운 도덕과 사회질서가 정립돼야 합니다.

아무리 사회가 변해도 인간의 본성은 변하지 않습니다. 본질적으로 인간은 양성(兩性)을 다 지니고 있습니다. 대개 여자는 49세가 넘어가면 호르몬 변화가 일어나 남성화되는 경향이 있습니다. 반대로 남자는 56세 이후 같은 이유로 여성 호르몬이 증대됩니다. 어찌 보면 인간은 결국 중성화되는 과정에 있습니다. 마치 자연이 음양의 양극적 상호작용을 통해 중성(中性)을 지향하는 이치와 다르지 않습니다. 이런 자연의 이치로 보더라도, 남녀의 문제는 양성평등의 입장에서 해결해야 마땅합니다.

건전한 인간관계

남녀관계에서 출발한 인간관계가 사회를 구성합니다. 넓은 의미에서 보면 학교나 사회에서 만난 사람들은 친구입니다. 역사적으로 귀감이 되는 인간관계를 유지한 사람들이 많이 있습니다. 그중에서 여기서는 에머슨과 소로우의 관계에 대해 소개하겠습니다.

에머슨과 소로우의 관계는 특별합니다. 소로우가 대작가가 될 수 있었던 결정적 배경에는 에머슨이 있습니다. 소로우의 걸작 《월든》은 에머슨의 배려가 없이는 탄생할 수 없었습니다. 두 사람의 관계는 우리에게도 귀감이 될 만합니다.

당시 가난한 하버드 학생이던 소로우는 14살 많은 에머슨을 존경하고 만나고 싶어 했습니다. 소로우는 에머슨의 집에서 일하던 아주머니의 소개로 그 집에서 기거할 수 있는 천재일우의 기회를 갖게 됩니다. 소로우에게 에머슨의 집은 도서관이자 따뜻한 새 가정이었습니다.

소로우 또한 강연으로 바쁜 에머슨과 허약한 에머슨 부인 리디아 잭슨(Lydia Jackson)을 대신해서 아이들과 집안일을 돌보는 데 정성을 다했습니다. 소로우는 에머슨의 자녀들을 친자식처럼 돌봐주었습니다. 아이들도 소로우와 각별하게 지냈습니다.

한 가지 재미있는 사실은 소로우가 리디아 잭슨을 마음속으로 사모했다는 사실입니다. 그러나 요즘의 막장 드라마와 같은 일은 없었습니다. 소로우는 지고지순한 감정이었고, 더욱이 리디아는 에머슨을 진실로 사랑했기 때문입니다. 남녀의 감정은 시대와 공간을 넘어 윤리적 경계를 넘는 일이 적지 않지만, 소로우는 절제의 미덕을 지니고 있었고, 에머슨은 그의 도덕을 믿었습니다.

소로우에게 에머슨은 때론 자상한 아버지이자 흉금을 나누는 친구와 같았습니다. 또한 문학적으로는 그들은 서로 멘토이자 경쟁자이기도 했습니다. 무엇보다 에머슨은 소로우의 어려운 사정을 해결해준 경제적 후원자의 역할을 해주었습니다. 두 사람의 건전한 관계가 서로를 성장시키는 정신적 자양분이 되었습니다.

에머슨 또한 어린 나이에 아버지를 여의고 가난한 어린 시절을 보낸 적이 있습니다. 그때 그의 손을 잡아주고 수준 높은 교육을 시킨 이가 고모 메어리 무디 에머슨(Mary Moody Emerson)입니다. 두 사람 사이의 소통이 에머슨의 지적 성장에 막대한 영향을 미쳤습니다. 만약 고모가 없었다면, 에머슨이 동서양의 사상을 융합해서 새로운 미국의 사상을 제시할 정도로 크게 성장할 수 없었을 것입니다.

사회 병리 현상의 대부분은 진실한 소통을 할 수 없는 인간관계에서 기인합니다. 드라마 〈나의 아저씨〉에서 볼 수 있었듯이, 단 한 사람이라도 진실하게 위해주는 사람이 있다면, 아무리 불행한 사람도 힘을 얻는 법입니다.

우리 사회는 양극화가 점점 심화되고 있습니다. 그 결과 계층 간에 소통이 힘들어지고 있습니다. 계층 간의 소통을 위한 다양한 사회적 네트워킹과 불균형을 해소할 수 있는 제도적 장치를 마련해야 합니다. 양극화를 방지하는 중간 계층이 많아지면, 어떤 위기에서도 오뚝이처럼 다시 일어날 수 있습니다.

풍속을 바르게 유지하라

인간관계가 발전해 사회관계를 형성합니다. 사회관계를 바르게 유지하기 위해서는 사회의 풍속이 중요합니다. 주역에서 풍속을 다룬 괘(卦) 중에서 화뢰서합(火雷噬嗑)이 있습니다.

이 괘에서 상괘 이(離)는 번개와 지혜를 상징하고, 하괘 진(震)은 우레와 움직임을 뜻합니다. 하괘의 강한 움직임을 상괘의 밝은 빛으로 다스리는 모습입니다. 단사를 보시죠.

단사에서 이르기를, 턱 사이에 음식물이 있는 것을 서합이라 한다. 물고 씹으니 형통하다. 굳센 양과 부드러운 음이 나누어 있고, 움직임과 밝음이 있다. 우레와 번개가 합하니 아름답다.

부드러운 음이 중을 얻어 위에서 행한다. 비록 위치는 부당하
나, 감옥을 사용함이 이롭다.(象曰, 頤中有物, 曰噬嗑. 噬嗑而亨, 剛
柔分, 動而明, 雷電合而章. 柔得中而上行, 雖不當位, 利用獄也)《주역》

이괘(離卦)의 중심인 5효(육오)에 부드러운 음(陰)이 양위(陽位) 있는
것은 온유하게 다스리라는 뜻입니다. 자리가 합당하지 않기 때문에,
중도로써 절제할 수밖에 없습니다.

사회 저변에서 저속한 대중문화가 발달하면, 풍속이 어지러워질
수 있습니다. 이때 사회의 들뜬 분위기를 비록 형벌로 다스려야 하지
만, 그 목적이 처벌이 아닌 교육에 있기 때문에 아름답다고 할 수 있
습니다. 상사에서 다시 한 번 그 뜻을 밝혔습니다.

상사에서 이르길, 우레와 번개가 서합이다. 선왕은 이로써 형
벌을 밝히고 법령을 정비했다.(象曰, 雷電, 噬嗑, 先王以明罰勅法)
《주역》

사회의 풍속이 문란해지면, 각종 범죄가 늘어나고 사회의 질서가
혼란해집니다. 어린아이의 버릇이 나빠지면, 매를 들어 아이의 습성
을 바르게 고치는 것이 도리입니다. 마찬가지로 사회의 풍속이 혼탁
해지고 범죄가 늘면, 법을 바르게 정비하고 맑은 형벌로 다스릴 필요
가 있습니다.

나라의 법이 너무 강하면 사회가 마비되고, 반대로 너무 약하면
질서가 무너집니다. 풍속을 바르게 유지하기 위해 감옥을 사용하더라

도, 교육을 목적으로 절제해서 사용해야 효과를 볼 수 있습니다. 중도를 지켜야 풍속을 아름답게 유지할 수 있습니다.

예를 지켜 행동하라

지금 우리나라는 전 세계적인 한류 붐을 타고 무섭게 일어서고 있습니다. 또한 정보통신 산업의 발전으로 신세대가 구세대를 밀어내고 경제의 앞자리로 나아가고 있는 형국입니다.

세대교체의 시기에는 신구(新舊) 간의 갈등뿐만 아니라 양성(兩性) 간의 갈등도 만만치 않습니다. 이런 전환기에 우리는 어떻게 해야 할까요? 이에 대한 주역의 지혜는 뇌천대장(雷天大壯)에서 찾을 수 있습니다.

괘상(卦象)을 전체적으로 보면 양기가 충천하는 모습입니다. 계절로 음력 2월에 해당하므로, 장차 봄기운이 세상을 생동하게 만들 수 있는 시절이 온 것입니다. 그래서 뇌천대장의 괘사는 "대장은 올곧으면 이롭다(大壯, 利貞)."로 좋습니다. 단사의 해설도 나쁘지 않습니다.

단사에서 이르기를, 대장은 큰 것이 왕성하다. 굳센 양으로써 움직이기 때문에 왕성하다. 대장은 올곧으면 이롭다 함은 큰 것이 바르다는 뜻이다. 바르고 크므로 천지의 정을 볼 수 있다.(象曰, 大壯, 大者壯也, 剛以動, 故壯. 大壯, 利貞, 大者正也. 正大而天地之情可見矣)《주역》

그런데 참으로 묘한 것이 좋은 것이 다 좋지는 않은 것이 세상 돌아가는 이치입니다. 좋은 것은 안 좋은 것과 상대하기 때문입니다. 이런 이치로 보면, 인생에 가장 좋은 시기가 또한 가장 안 좋은 시기도 될 수 있습니다. 그래서 상사(象辭)는 이런 사실을 경책하고 있습니다.

상사에서 이르기를, 우레가 하늘 위에 있는 모습이 대장이다. 군자는 이로써 예가 아니면 행하지 않는다.(象曰, 雷在天上, 大壯, 君子以非禮弗履)《주역》

새로운 기운이 넘치는 시기에는 젊은 세대가 힘을 쓰기 마련입니다. 그러나 자칫 무례를 범할 수 있습니다. 아무리 신구의 세력이 바뀌는 시기라 해도 법도와 예(禮)를 무시하면, 사업을 성취하기 힘듭니다. 그래서 공자는 《논어》〈위령공편(偉靈公篇)〉에서 다음과 같이 말씀했습니다.

지혜가 미치고, 어짊으로 그것을 지켜낼 수 있고, 단정한 태도로 일에 임한다고 해도, 예로써 행동하지 않는다면, 일이 잘 되

지 않는다.(知及之, 仁能守之, 莊以涖之, 動之不以禮, 未善也)《논어》

세상은 강한 양기만으로 이루어질 수 없습니다. 부드러운 음기가 감싸주어야 구체적인 결실을 맺을 수 있습니다. 음양의 조화가 중요합니다. 마찬가지로 신구 간의 다름도 서로 인정하고 중도의 덕을 지키면, 조화롭게 갈등을 해결할 수 있는 길이 열립니다. 세대 간 화합을 통해 온전한 성공을 거둘 수 있습니다.

한 가지 중요한 점은 예의는 젊은 사람이 나이든 분에게만 하는 것은 아니라는 사실입니다.

공자 말씀의 핵심은 예의 정신이 상대하는 사람 모두에게 필요하다는 뜻입니다. 어른은 젊은이를 인정하고, 젊은이는 어른을 배려하는 마음이 예입니다. 따라서 예는 사회질서를 조화롭게 유지하는 인문정신이라고 할 수 있습니다. 바른 인문정신이 모두에게 있다면, 서로 간에 언행이 부드러워질 수밖에 없습니다.

인간사회가 존재하는 한 남녀관계와 그로부터 파생되는 먹고사는 문제는 결국 물질에 달려있습니다. 인간은 육체를 지닌 존재이기 때문입니다. 그리고 육체와 정신은 상호작용하기 때문에, 물질과 정신의 조화가 인간사회의 미래를 결정합니다.

05

기물자기(奇物滋起),
물질문명에 대한 노자의 경고

05

기물자기(奇物滋起),
물질문명에 대한 노자의 경고

인공지능을 통해 모든 과학기술과 정보가 융합되면서, 현재 첨단 과학기술은 한계를 모를 정도로 발전하고 있습니다. 과학이 발전하는 것과 비례해서 인간의 정신도 고양되어야, 균형을 이루고 그 결실을 제대로 누릴 수 있습니다. 그런데 현재 인류의 상태는 그렇지 못합니다. 코로나는 물질과 정신의 균형을 잃어버린 결과라고 할 수 있습니다.

물질문명과 정신문명

코로나 이후의 시대 변화는 과거의 변화와는 그 맥이 다른 문명사적 변화가 될 것입니다. 물질과 정신의 관점에서, 인류문명을 3단계로 나누어 볼 수 있습니다. 1단계는 구석기 시대부터 인류의 의식이 조금씩 깨어나기 시작해, 공자, 노자, 석가, 예수 등 성인의 출현으로 정신문명이 완성된 시기입니다. 2단계는 성인들의 영향으로 깨어난 인류의 이성이 물질문명을 극도로 발전시킨 단계입니다. 그리고 3

단계는 코로나 과정을 통해 더욱 촉발되고 있는 정신문명과 물질문명의 융합으로 신인류가 출현하는 시기입니다.

지금은 2단계에서 3단계로 넘어가는 과도기입니다. 새로운 문명의 변화흐름에 맞는 정신과 물질의 균형점을 아직 찾지 못한 상태입니다. 일종의 아노미 현상과 유사합니다. 사람들의 의식과 생활은 아직 구시대의 규범과 질서 속에 있는데, 문명의 전환은 급속도로 이루어지고 있습니다.

코로나는 문명의 계절이 바뀌는 환절기에 찾아오는 독감과 같습니다. 몸과 마음이 균형을 잃으면, 심신의 면역기능이 떨어집니다. 반대로 몸과 마음과 삶의 균형을 회복하면, 면역력은 상승하게 됩니다. 문명전환기에 정신과 물질의 균형을 찾아야, 코로나는 완전히 사라질 것입니다.

어떤 의미에서는, 코로나는 물질문명의 발달에 맞게 인류의 도덕적 수준을 한 단계 높이라는 대자연의 명령과 같습니다. 중세 유럽의 흑사병처럼 지금의 코로나 역시 인류의 정신을 깨우는 역할을 하게 될 것입니다.

인간의 욕망

인간은 본질적으로 자기 자신과 소외되어 있습니다. 내 안에는 수많은 나의 환상들이 있습니다. 그 환상들은 나의 공허함을 채우기 위해 내가 스스로 만든 욕망 덩어리들입니다. 과학기술과 인공지능기술의 발달로 이제는 욕망 덩어리들이 못 만드는 것이 없습니다. 미래에는 자기 자신도 복제할 수 있는 지경에 이른다고 합니다. 영화에서 볼 수 있는 것처럼, 자신의 아바타가 자신을 대신해 일을 보는 날이 올지도 모릅니다.

인간의 심리를 이용해 온갖 상술이 동원되고, 새로운 산업이 형성됩니다. 최근의 메타버스(Metaverse)도 이러한 인간 심리를 이용해서 개발되고 있습니다. 노자는 일찍이 물질문명의 발달이 주는 병폐를 경고했습니다.

사람의 재간이 늘어나면 기이한 물건이 갈수록 많이 생긴다.(人多伎巧, 奇物滋起)《도덕경》

첨단기계는 몸을 편리하게 하지만, 정신을 타락시키는 경향이 있습니다. 예전이나 지금이나 인간의 기본 심사는 비슷합니다. 첨단과학기술의 발달로 의식주의 문제가 사라진다면, 인간은 자연히 여가활동에 눈을 돌리게 돼 있습니다. 그 점에서 앞으로 게임산업과 사이버섹스산업이 크게 성장할 수밖에 없습니다. 그러나 이것은 인간의 도덕과 심성을 파괴하는 측면이 강합니다. 이것을 어떻게 대비하느냐가 또한 중요한 화두입니다.

가상현실과 인류의 미래

노자가 말씀한 기물(奇物)은 단순히 인류의 생활을 안락하게 만드는 물질만을 의미하지 않습니다. 기이한 것은 단순한 제품을 넘어 가상세계로 진입하고 있습니다. 영화, 게임 등이 대표적인 가상현실입니다.

현재 폭발적인 인기를 끌고 있는 〈오징어게임〉도 일종의 가상현실입니다. 우리는 영화나 게임을 통해 간접적으로 그 현장에 있는 착각을 하고 감정이입을 경험하게 됩니다. 그래서 영화를 통해 대리 만족을 하거나 쌓인 감정을 배출하게 됩니다. 좋은 영화인 경우에는 카타르시스를 체험할 수도 있습니다.

그러나 현재 사업화되는 가상현실 속의 쾌락은 그런 정화작용이 없습니다. 쾌락은 더 큰 쾌락을 불러올 뿐입니다. 섹스, 도박, 그리고 마약은 쾌락의 삼종세트와 같습니다. 섹스산업, 게임산업 등은 독재정권이 국민을 우민화시킬 때 쓰는 정책입니다. 우리가 스스로 어리석은 굴레를 뒤집어쓸 필요는 없습니다. 쾌락의 끝은 죽음뿐입니다.

실제로 인간은 죽을 때 모든 것을 내놓으면서 느끼는 마지막 쾌락이 있다고 합니다. 마지막 순간에 평생 집착하던 것을 내려놓을 수밖에 없습니다. 그와 동시에 육신의 오물도 함께 나옵니다. 그 찰나의 순간 뭔가 짜릿한 느낌이 지나갑니다.

인간이 임종 시에 느끼는 일순간의 쾌락은 숭고한 의미가 있습니다. 이 세상에서 자신이 지은 모든 업(業)을 내려놓고, 다른 차원의 세계로 넘어가는 징검다리 역할을 수행하기 때문입니다. 정상적인 죽음은 이 세상에 남겨진 개인의 아픈 흔적을 정리하는 일종의 정화(淨化) 기능을 합니다. 그러나 마약과 같은 극단적인 쾌락으로 인해 맞이하는 죽음은 허망함만이 남을 뿐입니다.

가상현실과 섹스산업이 융합되면, 앞으로 남녀 간의 건전한 연애는 기대하기 힘들어집니다. 증강현실 속에서 자신의 취향에 맞는 상대와 공간을 선택하고, 현실보다 더 감각적인 맛과 향과 느낌을 즐기며 쾌락을 만끽할 수 있기 때문입니다. 아마 그다음 번에는 보다 더 짜릿한 상황을 설정할 것입니다.

상대하기 힘든 현실의 애인보다는 자기 맘대로 바꾸고 다룰 수 있는 가상의 애인이 훨씬 좋을 것입니다. 더욱 심각한 것은 가상의 애인이 현실로 나올 수도 있습니다. 인공지능과 첨단과학기술이 융합해서 이른바 애인로봇이 등장할 수도 있습니다. 지금도 인구문제가 심각한데, 이렇게 되면 인류가 사라질 수도 있습니다.

〈오징어게임〉을 통해 본 인간의 이상심리(異常心理)

이제는 AR(증강현실) 기술의 개발로 가상현실을 현실보다 더 감각적으로 즐길 수 있는 시대에 들어섰습니다. 메타버스에서는 현실에서 불가능한 모든 것을 실제 상황처럼 경험할 수 있습니다. 아마도 옛사람의 관점에서 보면, 지금 우리가 즐기고 있는 것들 대부분이 기이한 것들입니다. 만약 기이한 기술을 자극적인 것에만 집중하면 어떻게 될까요? 아마도 〈오징어게임〉에서 볼 수 있는 것보다 더 무서운 결과를 야기할 것입니다.

현재 〈오징어게임〉이 전 세계적으로 유행하고 있는 이유가 뭘까요? 인간의 심리는 참으로 묘합니다. 사람들은 돈이 행복의 전부인 것처럼 돈을 추구합니다. 그리고 어떤 과정을 밟든 일단 돈이 들어오기 시작하면, 그 수입으로 생활이 윤택해지면서 초기에는 만족과 행복이 가득합니다.

그러나 수입이 일정 수준을 넘어가면, 건전한 생활을 위협하는 소비행태를 보입니다. 처음에는 물질로 채우지만, 나중에는 물질로도 채울 수 없는 공허함이 몰려오기 시작합니다. 자연히 마음은 딴 곳으로 향하게 됩니다.

그 공허함을 채우기 위해 온갖 변태적인 것들을 추구하게 됩니다. 〈오징어게임〉은 이러한 인간의 심리를 반영한 것입니다. 극중에서 외로움으로 표현되는 공허함은 인간이 천부적인 본성과 다른 방향으로 나아갈 때 자연발생적으로 느낄 수밖에 없습니다.

전 세계적으로 〈오징어게임〉의 폭발적인 유행은 팬데믹 상황과 맞물려 현재 인류의 실존상황을 극명하게 표현하고 있습니다. 이 드라마는 근본적으로 인류의 물질문명이 극한으로 치닫게 되자 벌어지는 인간의 이상심리(異常心理)를 잘 반영하고 있습니다.

소로우가 월든 호숫가에서 산 이유

사람은 단순히 의식주와 여가생활의 만족만으로는 살 수 없습니다. 본질적으로 삶의 가치를 느껴야 진정한 행복을 누릴 수 있습니다. 일반적으로 경제문제를 삶의 본질적 가치를 배제하고 단순히 돈과 물질적 효용으로 논의합니다. 그러나 돈을 많이 번 사람들의 삶을 보면, 우리가 생각하는 것보다 행복하지 않은 경우를 흔히 봅니다.

왜 그럴까요? 인간은 육신, 감성과 이성 이외에 영성을 지닌 복합적인 존재이기 때문입니다.

따라서 진정한 행복을 누리기 위해서는 물질적 요소뿐만 아니라 정신적 요소가 균형을 이루어야 가능합니다. 예를 들어, 미국에서 역사상 돈을 제일 많이 번 사람은 석유재벌 록펠러(John Davison Rockefeller)입니다. 그러나 그는 돈을 버는 과정에서 많은 죄를 지었습니다. 누구보다 탁월한 감각과 영민한 머리로 엄청난 수입을 올렸지만, 그는 행복하지 않았습니다. 그는 속죄하는 마음으로 1913년 록펠러재단을 설립하여 그의 재산을 사회에 환원했습니다. 무소유를 실천하면서 그는 진정으로 삶의 의미와 행복을 느낄 수 있었습니다.

경제적 삶은 인간의 정체성의 구현과 행복의 관점에서 생각해야 삶의 의미가 있습니다. 아마 이 문제에 대해 가장 본질적인 문제를 제기하고 몸소 실험한 사람은 소로우일 것입니다. 그는 에머슨의 생태주의 자연관에 의해 가장 큰 영향을 받은 사람입니다.

에머슨의 《자연》은 19세기 생태주의 세계관의 결정판이라고 할 수 있습니다. 그의 생태주의 이론은 소로우를 거쳐 현대 생태주의자에게도 지속적으로 자양분을 주고 있습니다.

소로우가 에머슨이 소유한 월든 호숫가에 오두막을 짓고 산 이유는 진정한 삶의 의미를 느끼고 싶었기 때문입니다. 우리는 생존에 필요한 것 이상의 재화를 만들고, 이윤을 극대화하는 활동을 경제활동이라고 보고 있습니다. 그러나 소로우가 자연에서 실험한 경제적 삶은 한마디로 '심플라이프(Simple Life)'입니다. 우리식으로 풀이하자면, 소박한 삶입니다.

> 만일 모든 사람들이 내가 산 것처럼 소박한 삶을 산다면, 절도와 강도는 존재하지 않을 것이다. 이것들은 어떤 사람들은 충분한 정도 이상으로 소유한 반면 다른 사람들은 충분히 갖고 있지 못한 사회에서만 발생한다.《월든》

사회의 불균형으로 인한 불행은 지나친 탐욕과 소유욕에 기인합니다. 그런 의미에서 소로우는 자연의 생명흐름에 따라 자기 정체성을 구현하고 행복하게 사는 것이 가장 경제적인 삶이라고 생각했습니다. 소로우와 반대로 우리 대부분은 행복하기 살기 위해 자연의 생명질서를 거스르면서 돈과 물질의 노예가 되어 있습니다. 삶의 가치에서 행복이 돈보다 우선해야 하는데, 실제로는 돈과 물질이 행복에 우선하고 있습니다.

> 그러나 보라! 인간은 자신의 도구의 도구가 되었다. 배고플 때
> 독립적으로 과일을 따던 인간은 이제 농부가 되었고, 피난처
> 를 찾아 나무 밑에 서 있던 인간은 가옥 관리인이 되었다. 우
> 리는 이제 더 이상 밤에 야영을 하지 않으며, 땅에 정착해 하
> 늘을 잊어버렸다.《월든》

소로우의 지적처럼 우리는 삶의 수단과 목적이 바뀌었습니다. 예
를 들어, 집을 소유하기 위해 자신의 행복과 자유를 은행에 저당 잡히
고 있습니다. 정도의 차이는 있지만, 19세기 소로우 당대의 미국도 지
금과 다르지 않았던 것 같습니다. 그때나 지금이나 사실상 집이 사람
을 소유하고 있습니다. 물론 그 정도가 더 심해지고 있습니다.

대대로 오랜 세월 동안 전원의 삶에 익숙한 사람들에게 도시의
삶이 주는 충격은 지금보다 그때가 더 클 수밖에 없습니다. 19세기 미
국도 산업화의 물결이 전국을 강타했습니다. 그 결과, 전통적인 전원
의 삶은 도시화 되었습니다. 1869년에 완공된 미국 최초의 대륙횡단
철도로 미국의 변경은 급격하게 사라졌습니다. 저명한 미국문학 연구
가 스필러(Robert Spiller)는《미국문학의 순환》에서 이 사실을 실감 나
게 표현하고 있습니다.

> 철도, 공장, 도시의 등장은 변경 이동의 마지막 단계였다. 트랙

터와 불도저가 농장에 들어오자, 버몬트, 오클라호마, 또는 샌
워킨 강 유역이건 간에 황야는 경작되었다. 백악관에 이르는
도로가 오두막이 아닌 뉴욕의 인도에서 시작되었을 때, 산업
혁명의 과정은 미국에서 완성되었다.《미국문학의 순환》

전원의 삶에 오랫동안 익숙한 사람들에게 산업화, 도시화가 그들
의 정신에 미치는 영향은 현재 우리가 느끼는 것보다 엄청나게 컸습
니다. 그래서 에머슨도 그의 시에서 인간의 물화(物化)를 다음과 같이
경책했습니다.

마부는 말을 섬기고
소치는 사람은 소를 섬기며,
상인은 금전을 섬기고,
먹는 자는 그의 고기를 섬긴다.
천을 짜고, 옥수수를 가는,
지금은 노예의 시대.
물질이 말안장에 앉아,
인간을 몰고 있노라.

인간을 위한 법과 물질을 위한 법,
화해될 수 없는,
두 개의 별개의 법이 있다.
후자는 마을과 함대를 건설하지만,

그것은 멋대로 날뛰며,

인간을 하인으로 만드노라.(송시, W.H. 채닝에 바침)

에머슨과 소로우가 생각하는 경제적인 삶은 무엇보다 나 자신이 중심이 되어 사는 삶입니다. 내가 없는 삶은 비록 문명의 이기가 주는 혜택으로 몸은 편안할지 몰라도, 정신적으로는 노예의 삶이나 다름이 없습니다. 마찬가지로 자연 속에 살더라도, 내가 중심을 이루고 존재하지 않으면 무의미한 삶입니다. 나의 중심을 확고히 잡고, 자연의 생명흐름과 조화를 이루며 사는 것이 행복이라는 측면에서 가장 경제적인 삶입니다. 인간이 물질에 예속될수록 자립적이고 자주적인 삶은 더욱더 멀어지게 됩니다.

동양에서 말하는 물아일체(物我一體)나 무아(無我)는 내가 없는 것이 아니라, 나의 가식이 사라져 진실한 실체, 즉 진아(眞我)가 드러나 온 세상이 대동일체가 된 경지를 말합니다. 에머슨과 소로우의 세계관은 동양사상의 핵심과 일맥상통하고 있고, 〈오징어게임〉에서 엿볼 수 있는 허무주의를 철저히 배격하고 있습니다.

과학기술과 보편윤리의식

사회를 변화시키는 가장 큰 동력은 의외로 새로운 과학기술에 있습니다. 예를 들어, 실을 만드는 방직기와 옷감을 짜는 직조기의 개발

이후 18세기 후반에 이 기계를 돌리는 증기기관의 발명이 산업혁명을 초래했습니다. 이후 산업혁명은 인류의 삶을 이전 시대와는 완전히 다르게 탈바꿈시켰습니다.

마찬가지로 정보통신기술의 발전은 디지털혁명을 불러일으켰습니다. 20세기 중반 이후에 컴퓨터의 발명과 함께 모든 정보가 디지털 형식으로 전환되면서, 정보통신 기술과 더불어 인터넷 통신의 발달로 사회 전반에 급격한 변화가 일어났습니다. 가히 디지털혁명이라고 할 수 있는 사회변화가 일어난 것입니다.

산업혁명은 대량 생산과 대량 소비를 가능하게 했다면, 디지털혁명은 사람들의 정보수준을 고도로 상승시키고 있습니다. 앞으로 사물인터넷 기술과 인공지능기술이 더욱 발전하면 우리 사회는 또 다른 차원으로 전개될 수밖에 없습니다.

정치인이 해내기 힘든 사회변화를 과학기술자는 소리 없이 이루고 있습니다. 이 점에서 과학기술자가 최고의 사회변혁가라고 할 수 있습니다. 앞으로 정치의 변화는 새로운 과학기술에 달려있다고 해도 과언이 아닙니다.

그러나 근본적으로 각 분야 지도자의 도덕과 양심이 바르지 않다면, 인공지능기술을 활용하여 더욱 교묘하게 국민을 선동하고 자신의 이익을 취하게 될 것입니다. 보편윤리의식이 없는 상태에서 인공지능기술이 모든 분야로 파급되어 융합되면, 앞으로 어떤 사악한 일이 벌어질지 상상하기 힘듭니다.

인공지능 알파고를 개발한 하사비스(Demis Hassabis)는 인공지능의 피해를 예상하고 있었습니다. 이런 이유 때문에 그는 구글에 자신의 회사를 팔 때, 인공지능 윤리이사회 구성을 전제조건으로 내걸었던 것입니다.

인공지능의 무서운 미래를 예상할지라도, 인류는 인공지능을 포기할 수 없습니다. 우리는 앞으로 나아갈 수밖에 없습니다. 역(易)의 관점에서 본다면, 인류의 미래는 인공지능을 활용하기 나름에 달려있습니다.

그렇다면 어떻게 해야 할까요? 결국 해답은 인공지능을 활용하는 인간에게 달려있습니다.

보편윤리의식을 갖춘 과학기술자, 기업가, 정부 관료, 정치지도자 등이 인간의 이성, 감성, 영성을 조화롭게 하는 쪽으로 인공지능을 활용하는 것이 최선입니다. 그리고 무엇보다 도덕과 윤리의식이 높은 국민들이 많아져야 인공지능의 피해를 막을 수 있습니다.

예를 들어, 우리는 메타버스의 증강현실을 통해 오락을 즐기는 것뿐만 아니라, 필요한 분야의 교육을 받거나 각자의 신앙에 맞는 종교생활 등을 영위할 수도 있습니다. 인공지능을 바르게 활용하면, 인간의 이성과 감성뿐만 아니라 영성도 개발할 수 있습니다.

큰 그릇을 만들려면 큰 덕을 쌓아야 한다

요즘 화천대유(火天大有)란 주역 괘 이름을 모르는 사람이 거의 없습니다. 그러나 그 뜻을 제대로 아는 사람은 별로 없는 것 같습니다. 대유(大有)는 큰 것을 의미합니다. 대유를 이루기 위해선 대동(大同)이 이루어져야 가능합니다. 그래서 천화동인(天火同人)의 다음 괘가 화천대유입니다.

바른 뜻을 가진 사람들이 합심해서 큰 그릇을 만들 수 있다는 의미가 화천대유 속에 들어있습니다. 큰 덕이 큰 그릇에 우선하는 것이죠. 그러나 세간에 화제가 되는 사람들은 똘똘 뭉쳐 큰 그릇을 만들어 사사로운 이익을 담았습니다. 정작 혜택을 봐야 할 지역주민들은 개발이익에서 소외되었습니다.

이런 문제가 야기된 가장 근본적인 원인은 부조리한 상황이 가능하도록 만들어진 법과 제도에 있습니다. 아마도 화천대유와 같은 비리를 근절하려면, 정치제도와 관련 부처를 모두 없애야 할지도 모르겠습니다.

정의를 확립해야 할 법과 제도가 오히려 비리를 만드는 방편이 되고 있습니다. 각 분야의 전문가들이 모여 법과 제도의 빈틈을 이용해 교묘하게 이익을 챙길 수 있는 구조가 있는 것입니다. 사람들의 의식이 근본적으로 바르게 바뀌지 않으면, 법과 제도로는 세상을 도리에 맞게 유지할 수 없다는 것을 다시 한 번 깨달을 수 있습니다.

목적이 바르지 않으면, 법과 제도가 잘 갖추어져도 결과가 천양지

차로 잘못될 수 있습니다. 그런 의미에서, 화천대유괘의 바른 뜻을 음미해보는 것이 좋겠습니다.

상괘 이(離)는 불이자 지혜를 뜻합니다. 하괘 건(乾)은 하늘이자 바르고 강건한 뜻을 의미합니다. 지혜 광명을 올곧은 하늘의 뜻이 밑에서 받쳐주는 모습을 상징합니다. 단사의 해석으로 의미를 좀 더 자세히 음미해보시죠.

단사에서 이르기를, 대유는 부드러운 음이 존위를 얻어 중도의 덕이 크다. 더불어 상하가 상응하고 있으므로 대유라고 한다. 그 덕이 강건하고 밝고 빛나며, 하늘에 부응하여 때에 맞춰 행하니, 이 때문에 크게 형통하다고 하는 것이다.(象曰, 大有, 柔得尊位大中, 而上下應之, 曰大有. 其德剛健而文明, 應乎天而時行, 是以元亨)《주역》

부드러운 음은 5효(육오)를 가리킵니다. 이 괘에서 유일한 음(陰)인 육오가 중도로써 강건한 위치에서 밝은 뜻을 부드럽게 구현하고 있습니다. 음양이 위아래로 상응하므로 크게 형통할 수 있습니다. 이 괘가 경책하는 바는 상사에 있습니다.

상사에서 이르기를, 불이 하늘 위에 있는 모습이 대유다. 군자
는 악을 막고 선을 칭찬함으로써 하늘의 아름다운 명을 따른
다.(象曰, 火在天上, 大有, 君子以遏惡揚善, 順天休命)《주역》

악(惡)을 크게 벌하고 선(善)을 높이 칭찬하는 것은 동서양 모든 성
인(聖人)들의 공통된 가르침입니다. 공동의 목표를 지닌 사람들이 모
여 일을 도모하기 시작할 때는 사람들의 정신과 뜻이 대체로 강건하
고 밝습니다. 그러므로 큰 결실을 거둘 수 있습니다.

문제는 이때부터 시작합니다. 크게 성공한 이후에 사람들이 나태
하고 타락하기 쉽기 때문입니다. 그래서 역(易)은 늘 성공의 반면을 경
책합니다. 이때 강조하는 점이 바른 도덕과 문화입니다.

현재 세계의 문화가 한류의 흐름을 타고 있습니다. 만약 우리가
문화를 통해 세계의 정신을 바르게 선도할 수 있다면, 세계 평화의 중
심국가가 될 수 있습니다.
산업혁명 이후 20세기까지는 주로 산업기술이 문화를 선도했다
면, 앞으로 21세기 이후는 문화가 산업을 주도할 것입니다. 이미 필요
한 기술은 충분히 개발되어 있습니다. 문제는 활용입니다. 문화에 활
용의 열쇠가 있습니다.

쾌락을 두려워하라

문화가 융성하면 세상에 천국이 도래할 것 같지만, 실제로는 사회질서가 타락하기 쉽습니다. 마치 물질이 초기에는 사람을 편안하게 안정시키지만, 누릴 수 있는 한도를 초과하면 오히려 물질이 인간을 지배하는 것과 마찬가지입니다.

문화발전에도 역(易)의 이치가 작용합니다. 문화의 융성도 일정 단계를 넘어가면 타락하기 쉽습니다. 건전한 문화보다는 저속한 대중문화가 사람들을 자극하기 마련입니다. 그러므로 특히 쾌락을 경계해야 합니다.

앞서 지적한 것처럼, 메타버스 안에서 증강현실기술과 쾌락이 결합되면, 인간은 끝없이 타락할 수 있습니다. 그 결과는 자명합니다. 사회는 폭력과 무질서로 마비될 수 있습니다. 뇌지예(雷地豫) 괘는 이런 세상의 심리를 경책하고 있습니다.

상괘는 우레를 뜻하는 진(震)이고, 하괘는 땅을 의미하는 곤(坤)입니다. 우레는 천지를 뒤흔드는 강렬함이 있고, 땅은 하늘이 주는 것에 순응하는 온순함이 있습니다.

이 괘의 유일한 양효(陽爻)인 4효(구사)가 주효(主爻)의 역할을 하고 있습니다. 주군에 해당하는 5효(육오)가 힘을 쓰지 못하고 있기 때문입니다. 그래서 이것을 경책하는 의미가 괘사에 있습니다.

> 예는 제후를 세우고 군사를 일으키는 것이 이롭다.(豫, 利建侯
> 行師)《주역》

주군인 육오는 비록 중(中)의 위치에 있지만, 음효(陰爻)가 양위(陽位)에 있고 대응하는 2효(육이)와도 상응하고 있지 못하고 있습니다. 때문에 육오는 힘을 쓸 수 없는 상태입니다. 이런 상황을 타개하는 방책으로 괘사에서 제후와 군사를 거론하고 있습니다. 단사의 해석을 보면, 그 이유가 좀 더 분명해집니다.

> 단사에서 이르기를, 예는 강한 것에 응하여 뜻이 행하는 것이다. 움직임에 순순히 따름이 예다. 예는 움직임에 순순히 따르고 있고, 천지도 그렇게 하고 있는데, 하물며 제후를 세우고 군사를 일으키는 일에 있어서야 어찌 다름이 있겠는가? 천지는 움직임에 따르므로, 해와 달도 지나침이 없고, 사계절도 어긋남이 없다. 성인도 움직임에 순응한다. 이러한 도리로 형벌이 맑아 백성이 복종한다. 예의 시대가 갖는 의의는 참으로 크다.(象曰, 豫, 剛應而志行, 順以動, 豫. 豫, 順以動, 故天地如之, 而況建侯行師乎. 天地, 以順動, 故日月不過, 而四時不忒, 聖人以順動, 則刑罰淸而民服. 豫之時義大矣哉)《주역》

천지의 운행은 한 치의 오차도 없이 일정한 변화를 따르고 있습니다. 세상 만물이 유지되는 원동력은 우주의 엄밀한 운행법칙입니다. 이와 같은 원리가 인간 세상에도 적용됩니다. 들뜨기 쉬운 세상의 풍속을 바르게 유지하기 위해서는 형벌을 맑게 지켜야 합니다. 유전무죄(有錢無罪) 무전유죄(無錢有罪)가 되어서는 안 되기 때문입니다.

구사의 강렬한 움직임을 제어할 방법은 엄격한 규범과 형법을 세우는 것밖에 없습니다. 사회의 시스템을 바르게 정비하면, 국기문란을 예방할 수 있습니다. 상사는 이 이치를 음악과 제사에 비유하고 있습니다.

> 상사에서 이르기를, 우레가 땅 위로 떨침이 예다. 선왕은 이로써 음악을 만들어 덕을 숭상하고, 상제께 성대히 제사를 지내고, 조상까지도 함께 제사한다.(**象曰, 雷出地奮, 豫, 先王以作樂崇德, 殷薦之上帝, 以配祖考**)《주역》

여기서 음악은 쾌락이 아닌 엄밀한 질서를 위한 것입니다. 하늘과 조상에 제사를 지내는 의식도 마찬가지입니다. 음악과 제사는 단순한 형식이 아니라, 사람들의 마음을 경건하게 유지하기 위함입니다.

지금의 음악과 제사는 전혀 다른 목적으로 이용되고 있습니다. 현재 대중음악은 사람들 마음을 엄숙하게 하는 목적과는 거리가 멉니다. 대개 대중음악은 마음의 위안을 주거나 기쁨을 주는 데 있습니다. 문제는 기쁨이 지나치면, 쾌락에 빠지기 쉽다는 데 있습니다. 특히 저속한 대중음악이 삶의 질서를 주는 경우는 매우 드뭅니다.

제사 또한 그렇습니다. 제사를 지내는 본래 목적은 자신의 삶을 경건하게 성찰하고, 자신이 뜻하는 바를 하늘과 조상에 알리기 위한 것입니다. 그 뜻과 행사가 천지의 도리에 위배되지 않기 위해 제사의 형식을 빌려 단단히 자신을 추슬렀습니다. 그러나 지금의 제사는 그런 내용이 없습니다. 그저 단순히 복을 구하는 형식적인 의례에 불과합니다.

사람들이 도리를 구하지 않고 단순히 자신의 부귀영화를 기원하게 된 데에는 종교의 타락이 큰 원인을 제공하고 있습니다. 사람들이 물질주의에 빠지기 쉬운 경향을 종교가 잡아주지 못하고 있습니다. 오히려 종교도 물질주의에 철저히 빠져 자본주의의 수단이 되어 버렸습니다.

06

종교의 미래,
예수와 석가의 결론

06

종교의 미래,
예수와 석가의 결론

우리 민족은 예로부터 믿음이 강했습니다. 종교가 항상 새로운 시대와 사회를 주도했습니다. 선도(仙道)와 도교, 불교, 유교, 기독교가 시공간의 변천에 따라 각기 득세했습니다. 그리고 우리의 전통 무속 신앙은 시대의 변화에 따라 다양한 모습으로 각 종교에 스며들었고, 아직도 민중의 생활 속에 깊이 자리 잡고 있습니다. 지금은 세상의 온갖 종교가 우리 사회에 들어와 있습니다.

유럽의 종교개혁은 우리에게 시사하는 바가 큽니다. 세상을 기독교로 통일하면 중세 유럽사회에 천국이 도래할 것 같았지만, 실상은 지옥이 구현되었습니다. 사회 혼란이 극에 이르러 흑사병이 유럽사회 전체를 휩쓸고 지나갔습니다. 이 전염병으로 14세기에 유럽에서만 2천5백만 명이 사망했습니다. 전 세계 인구가 흑사병 이전에 4억5천만 명이던 것이 대역병 이후 3억5천만 명으로 줄었다고 합니다. 그 위세를 실감하지 않을 수 없습니다.

중세 기독교는 전염병의 원인을 마귀의 짓으로 돌렸습니다. 그래서 그 유명한 마녀재판이 벌어졌던 것입니다. 그 재판의 실상을 들여다보면, 권력 없고, 돈 없는 사람만 악마로 몰려 죽임을 당했습니다.

어떤 종교나 믿음도 세상을 구원하지는 못했습니다. 이로부터 알 수 있는 사실이 있습니다. 종교는 개인을 구원할 수는 있을지 모르나, 사회를 구하기는 힘듭니다. 시대와 공간의 변화에 따른 일시적인 방편이 될 뿐입니다.

그렇다면 사회는 누가 어떻게 구할 수 있을까요? 이 문제를 이번 장에서 고찰해보겠습니다.

에머슨과 종교의 한계

미국은 전 세계의 인종이 모인 곳입니다. 따라서 종교도 가히 종교백화점이라고 할 정도로 다양합니다. 우리 사회도 만만치 않습니다. 우리 사회도 이미 다문화, 다종교 사회입니다.

아마도 종교 문제에 대해서 에머슨만큼 치열하게 고민한 사람도 드물 것입니다. 에머슨이 살던 19세기 미국은 영국으로부터 독립한 지 얼마 안 된 신생국이지만, 동서양에서 이주한 사람들과 함께 다양한 문화가 유입되어 엄청난 잠재력을 키우고 있었습니다.

하지만 그 잠재력을 하나로 모을 미국의 새로운 정체성이 부족했습니다. 그때 에머슨은 동서양 종교의 경계를 넘는 공통의 교집합에서 미국의 새로운 정체성을 찾았습니다.

에머슨은 하버드 신학대학을 나와 목사직을 수행한 사람이었습니다. 목사 집안에서 태어나 3대째 목사직을 수행한 그는 기독교 정신에 정통했습니다. 청교도의 전통이 강한 미국 동부지역에서 당시 목사는 존경과 더불어 어느 정도 소득을 보장받는 직업이었습니다. 그럼에도 불구하고 그는 목사직을 사임했습니다.

여기에는 여러 가지 이유가 있었지만, 가장 근본적인 이유는 기독교의 형식과 진리 사이의 괴리에서 목사로서 느끼는 양심과 정신적 고통이었습니다. 진리에 대한 목마름이 강했던 에머슨은 형식적 예식을 지나치게 강조하고 진리를 왜곡하는 행태에 대해 참을 수 없는 양심이 발동했습니다. 무엇보다 그는 제도권의 종교가 지닌 한계를 느끼지 않을 수 없었습니다.

에머슨은 기독교의 근본정신인 예수의 정신을 지향했습니다. 예수는 진리를 통해 인간이 자유롭게 되는 길을 말씀했습니다. 그러나 제도권 종교는 19세기 에머슨 당시나 지금이나 큰 차이가 없이, 형식적인 틀 속에 인간을 속박하고 있습니다. 예수는 인간을 해방시켰지만, 예수의 정신을 계승한 기독교는 오히려 신을 내세워 인간을 종교의 노예로 삼고 있는 것입니다.

형식이 아니라, 철저하게 본원의 진리를 추구한 에머슨의 정신은 다른 종교와 철학으로 확장되어, 특정 종교의 독선을 배격하고 모든 종교의 공통적 진리로 통섭해 나갔습니다. 결국, 그는 종교나 철학의 형식으로 진리를 제한할 수 없다고 보고, 동서양의 종교를 아우르는 사상체계를 만들어냈습니다. 그것이 바로 초종교적인 미국 초절주의(American Transcendentalism)입니다.

에머슨의 초절주의가 미국 주류사회에 영향을 끼치기 시작한 것은 초절주의 클럽(Transcendent Club)의 활동에 기인합니다. 초기에는 에머슨을 중심으로 헤지(F.H. Hedge), 퍼트넘(George Putnam), 리플리(G. Ripley) 등 목회자들이 주로 모여 당대 미국사회의 문제를 논의했습니다.

점차 올콧(A.B. Alcott), 채닝(W.E. Channing), 소로우(Henry David Thoreau) 등 다양한 분야와 계층의 사람들이 모이기 시작했습니다. 그뿐만 아니라 당시에는 파격적으로 풀러(Margaret Fuller), 피보디(Elizabeth Peabody), 리플리(Sophia Ripley) 등의 신세대 여성들도 참여했습니다.

그들의 핵심 논의는 당대의 종교, 신학, 철학 등으로는 미국의 산적한 사회문제를 해결할 수 없다는 점이었습니다. 미국 동부의 작은 마을 콩코드에서 시작된 초절주의자들의 논의는 이후 미국의 젊은이들에게 새로운 활로를 열어주었습니다. 특히 에머슨의 정신에 감화받은 젊은 목회자들은 형식적이고 닫힌 종교가 아닌, 열려있고 살아 있는 종교를 지향했습니다.

지금 우리 사회도 다양한 종교가 있지만, 사회의 문제를 해결하지 못하고 있습니다. 오히려 사회문제를 야기하는 가장 골치 아픈 집단 중의 하나가 종교집단입니다. 왜 그럴까요?

종교가 제 기능을 하지 못하기 때문입니다. 종교는 모든 경계를 허물고 인간을 진리로 인도하는 역할을 해야 합니다. 그러나 지금의 종교는 거의 대부분 반대로 경계를 공고히 하고, 경계 안에 사람들을 가두고 있습니다. 더욱이 자본주의 논리로 종교의 경계를 나누어 이익을 추구하고 있습니다.

종교의 상업화

에머슨은 종교가 상업화되는 것에 대해 심한 반발감이 있었습니다. 이런 현상은 청교주의 전통이 남아 있던 에머슨 당대의 미국 동부에도 있었던 모양입니다. 그래서 그는 교회에 내는 헌금도 부끄러운 돈으로 생각했습니다. 그 돈이 제대로 쓰이지 않는다는 사실을 누구보다도 잘 알고 있었기 때문입니다.

19세기 미국보다 우리의 종교 상황은 더욱 좋지 않습니다. 아마도 에머슨이 현재 우리 사회에 존재했다면, 단순한 부끄러움의 차원을 넘어 심한 죄의식을 느꼈을지도 모릅니다. 지금은 종교가 일종의 사업이 되었기 때문입니다. 물론 다 그런 것은 아닙니다. 지금도 진실한 신앙심을 가진 사람들이 적지 않습니다. 하지만 이들의 힘과 목소리가 너무 작은 것 같습니다.

종교단체는 대표적인 기부단체입니다. 그러나 기부금 일부만이 실제로 어려움에 처한 곳에 쓰이고, 나머지는 그 단체를 운영하는 사람의 몫으로 돌아가는 것이 현실입니다. 심지어 일부 단체는 기부금을 사적인 용도로 전용하는 경우도 적지 않습니다.

심지어 어떤 종교사업자들은 계획적으로 사람들을 모으고, 종교단체를 비싼 가격에 되팔기도 합니다. 이런 상황은 중세 유럽에서 천국행 표를 파는 것과 다르지 않습니다. 아마도 예수나 석가가 다시 세상에 온다면, 이 세상이 말세라고 말씀했을 것입니다.

이런 이유로 종교가 가장 유망한 사업이라고 하던 때가 있었습니다. 세금도 없고, 사업 구조가 단순해도 사람들이 의문을 제기하지 않았기 때문입니다. 심지어 종교의 이런 행태를 이용해 범법자들이 종교를 사업의 파트너로 삼는 일도 생겨났습니다. 예를 들어, 도둑도 종교단체에 와서 죄 사함을 받고, 앞으로 사업이 잘되기를 기도합니다.

정말 기도하면, 다 들어줄까요?

사람들이 소망하는 돈, 명예, 입학, 취업, 승진 등은 제한되어 있습니다. 때문에 상식적으로 생각해 봐도, 기도한다고 다 들어줄 수 없다는 사실을 알 수 있습니다. 기독교 속담에 "신은 스스로 돕는 자를 돕는다."라는 말이 있습니다. 이 말은 참 오묘합니다. 이 말을 뒤집으면, 신은 아무도 돕지 않는다는 말이 됩니다. 만약 신이 도둑의 말을 들어주는 종교가 있다면, 그것은 악마를 모시는 종교일 것입니다. 어쩌면 자기의 욕심이 스스로 악마를 만들어 모시고 있는지도 모를 일입니다.

진정한 기도는 바른 삶을 살기 위해 자신을 성찰하는 것입니다.

자기가 자기를 도울 수 있을 뿐입니다. 자업자득(自業自得)입니다. 자기가 준비하고 노력한 만큼 대가를 얻을 수 있습니다. 정당하지 않은 방법으로 얻은 결과는 그에 상응하는 대가를 반드시 치르게 되어 있습니다.

예전에는 시대와 공간의 변화가 느렸기 때문에, 과보도 느렸습니다. 그래서 조상이 잘못하면 후손이 벌을 받는다는 말이 있었습니다. 그러나 지금은 사정이 다릅니다. 자기 당대에 바로 그 대가를 받게 되는 시대가 되었습니다.

종교의 정치화

가장 심각한 문제는 종교가 정치와 결탁하는 것입니다. 종교의 정치화는 사람들에게 가장 큰 피해를 줍니다. 종교가 사업의 파트너가 되듯이 정치의 파트너가 되면, 정치인을 우상숭배하게 됩니다. 그 결과로 사람들은 종교를 맹신하듯, 통치자에게 절대 복종을 하게 됩니다.

종교의 정치화는 봉건주의 시대가 오래 유지된 원동력이기도 합니다. 우리도 조선시대까지는 왕을 하늘 대하듯 했습니다. 유럽은 종교혁명 이후로 이런 경향이 많이 희석되었습니다. 우리의 경우는 아직 성공한 종교혁명이 없기 때문에, 지금도 맹신을 기초로 한 기복신앙이 정치 조직과 결합된 흔적을 찾을 수 있습니다.

종교와 정치가 결합하면 생기는 대표적인 피해사례를 중세 종교 사회에서 찾을 수 있습니다. 중세 유럽의 암흑기는 종교의 권력화가 빚어낸 가장 처참한 결과입니다. 종교가 세상을 구원할 것 같지만, 결과는 그 반대였습니다.

미국의 경우도 초기 청교도들이 신대륙에 새로운 가나안을 건설하고자 했지만, 신정정치(神政政治)의 말로는 참혹했습니다. 중세 유럽에서 볼 수 있었던, 마녀재판이 미국사회를 암울하게 했을 뿐입니다.

우리 사회도 시대마다 종교가 사회를 일시적으로 통합하는 힘을 발휘하기는 했으나, 종교가 정치와 결합한 결말은 결국 좋지 않았습니다. 성인들 중에서 종교와 정치의 결탁을 가장 직접적으로 경계하는 말씀을 한 분은 공자입니다.

> 관리의 의무는 귀신을 공경하되 멀리해야 한다.(**務民之義, 敬鬼神而遠之**)《논어》

종교와 정치는 분리되어야 합니다. 인간의 의식이 깨이지 않은 원시사회에서는 신정정치일 수밖에 없었습니다. 집단에서 가장 현명한 사람이 제사장이 되어, 무속행위를 통해 부족을 일사불란하게 통솔할 수 있었기 때문입니다.

그러나 지금은 그런 시대가 아닙니다. 종교가 세상의 변화에 대처하는 방법을 줄 수 없는 시대가 되었습니다. 오히려 과학기술이 사람들에게 정확한 판단 기준을 제시하고 있습니다. 이런 상황에서, 종교가 정치와 결탁한다면, 정권의 몰락과 더불어 종교도 함께 몰락할 수밖에 없습니다.

진리와 현상

진리와 현상은 다릅니다. 보다 정확히 말하면, 진리에는 두 가지 측면이 있습니다. 불변의 진리와 변화하는 현상의 진리는 다릅니다. 비록 종교가 이 두 가지 진리를 담으려 하지만, 관념과 표현은 진리를 온전히 담을 수 없습니다. 그래서 노자는 다음과 같이 말씀했던 것입니다.

> 도는 도라고 하는 순간 영원히 변함없는 도가 아니다. 이름은 이름으로 부르는 순간 영원히 변함없는 이름이 아니다.(**道可道, 非常道. 名可名, 非常名**)《도덕경》

특히 변화의 진리는 더욱 그렇습니다. 그래서 에머슨은 진리를 '영원히 이리저리 가지를 옮겨 다니는 새'《경험》와 같다고 표현했습니다. 현상의 진리는 결코 한 곳에만 머물지 않습니다.

동양사상의 관점에서 말하면, 무극(無極)의 진리는 변하지 않지만, 태극(太極)과 황극(皇極)으로 분화된 진리는 끝없이 변하고 있습니다. 순환의 이치에서 보면, 있고 없음이 하나라고 볼 수 있습니다. 진리의 본체는 텅 비어있습니다. 현상은 꽉 차있습니다. 있는 것 때문에 없는 것이 있고, 없는 것 때문에 있는 것이 존재하게 됩니다. 색즉시공(色卽是空), 공즉시색(空卽是色)입니다. 아마도 변화의 모순된 이치를 인류문명사의 입장에서 가장 구체적으로 설명한 것은 역경(易經)일 것입니다.

종교적 진리와 그것을 담는 형식 사이에는 큰 차이가 있습니다. 그 근본적 이유는 성인이 말씀한 진리가 시대와 공간에 따라 다르게 투영되기 때문입니다. 그래서 성인도 불변의 진리와 상황의 진실을 다르게 말씀하셨습니다. 하지만 성직자들은 그것을 엄밀히 구분하지 않고, 자기 식대로 해석하고 사람들에게 전한 부분이 있습니다.

진실한 종교인으로서 에머슨도 진리와 현실 사이의 괴리 때문에 한동안 정신적 방황을 하지 않을 수 없었습니다. 다행히 에머슨은 해결책을 찾았습니다. 그가 찾은 진리의 통로는 자연이었습니다. 에머슨은 자연 속에서 양극적 통일성을 발견했습니다. 에머슨의 정신을 소로우는 숲 속에서 몸소 실천해 보였습니다.

모든 것은 상반된 요소가 결합하여 하나의 통일성을 이루고 있습니다. 자연의 생명공동체는 다양성과 양극적 통일성을 통해 뫼비우스의 띠처럼 전체가 하나로 묶여있다는 것을 에머슨은 통찰했습니다.

정통과 사이비의 차이

종교는 진리를 담는 그릇에 불과합니다. 그리고 그릇은 다양합니다. 각자 자신의 인연에 따라 알맞은 그릇을 선택해 진리에 이르면 됩니다. 그러나 여기에는 한 가지 전제가 있습니다. 진리에 대한 엄밀한 성찰이 필요합니다.

사이비 집단의 진리체계로는 불가능합니다. 사이비 집단과 정통 종교의 차이는 형식적 교리가 아닌 삶에 있습니다. 종교의 목적이 개인의 자유의지를 완전히 해방하는 것이 아니라, 어떤 특정 교주의 의지에 따르고 그를 숭배하는 것이라면, 그것은 사이비종교입니다. 사이비 교주는 성인을 팔아 자신의 이익을 챙기는 사람입니다. 예수는 이 사실을 바로 말씀했습니다.

> 나더러 '주님, 주님!' 하고 부른다고 다 하늘나라에 들어가는 것이 아니다. 하늘에 계신 내 아버지의 뜻을 실천하는 사람이라야 들어간다.(마태복음7:21)

예수의 말씀처럼, 하늘의 도리를 행하는 자만이 천국에 갈 자격이 있습니다. 아무리 거대한 예식과 음악으로 찬양을 해도 천도(天道)에 맞지 않으면, 진리에 이를 수 없습니다. 진리가 형식에 있지 않음을 석가도 말씀했습니다.

만약 모습으로 나를 보려 하거나, 음성으로 나를 구하려 하면,

이 사람은 사도를 행하는 것이니, 여래를 볼 수 없을 것이다.

(若以色見我, 以音聲求我, 是人行邪道, 不能見如來)《금강경》

이 점은 정통 종교에 속한 사람이더라도 예외가 될 수 없습니다. 그 삶이 천지인(天地人)의 도리와 어긋나 있다면, 그는 종교와 관계없이 사이비라고 할 수 있습니다. 이 문제에 대해 예수가 한 가지 분명한 기준을 말씀했습니다.

너희는 그 행위를 보아 그들이 어떤 사람인지 알게 된다.〈마태복음 7:20〉

말과 행동이 다른 사람은 진실한 종교인이 아닙니다. 그런 사람은 성인의 말씀을 내세워 자기 이익을 합리화하는 사이비 종교인입니다. 우리는 모든 성인이 공통적으로 말씀하신 바른길을 따라가야 진리에 이를 수 있습니다. 보다 자세한 것은 《공자·노자·석가·예수를 관통하는 진리》에서 밝혀놓았습니다.

타율종교의 시대는 저문다

우리나라 종교인구가 한때 전체 인구수를 초과할 정도에 이른 적이 있습니다. 종교적 열정이 강한 우리나라 사람들이 여러 종교를 다

닌 결과입니다. 그러나 지금은 종교인구가 급격히 줄고 있습니다. 각 종교단체에 가보면 주로 노인들이 자리를 차지하고 있는 것을 볼 수 있습니다. 미래사회에는 종교가 사라질 것이라는 예측도 나올 정도입니다.

종교가 몰락의 길로 접어든 근본 원인 중의 하나는 종교생활이 타율적으로 이루어지는 데 있습니다. 종교의 핵심조직은 주로 일반 신도가 아닌, 성직자 중심으로 구성되어 있습니다. 종교가 성립되던 초기에는 일반 대중이 종교생활의 중심이었습니다. 그러나 점차 종교가 거대화되면서 위계 조직을 갖추게 되었습니다.

예를 들어, 구교인 가톨릭은 교황을 정점으로 말단의 부제에 이르기까지 위계질서가 분명합니다. 불교도 종정에서 행자까지 각 품계에 따라 엄격한 질서가 있습니다. 신교인 개신교의 경우에는 종파가 매우 다양하지만, 각 종파마다 나름의 위계 조직을 갖추고 있습니다.

종교 신앙의 중심이 일반 신도가 아닌 것은 대부분의 종교가 일치합니다. 성직자의 지도에 따라 신앙생활이 이루어지는 구조입니다. 신도의 자유의지에 따라 종교생활을 하는 것이 아닙니다. 때문에 자유의지에 따라 성인의 말씀을 실천하는 사람은 오히려 이단(異端)으로 내몰리기 쉽습니다.

타율종교는 성인들의 말씀과 상반된 종교 구조입니다. 물론 그렇게 된 이유도 충분히 있습니다. 가장 큰 이유는 종교의 핵심정보가 일반인들이 알기 어렵게 폐쇄적으로 전승되었습니다. 더불어 전승과정에서 성인의 말씀이 왜곡되었습니다. 또한 후대의 해석이 성인의 본래 가르침을 더욱 이해하기 힘들게 만들었습니다. 때문에 종교지식이 없는 일반인은 전문 종교학자나 성직자의 지도를 받지 않을 수 없었습니다.

그러나 모든 정보를 누구나 쉽게 접할 수 있는 시대에는 성인의 말씀을 왜곡하기 힘듭니다. 정보와 권력은 연결되어 있습니다. 때문에 블록체인 기술에 따라 정보가 분산되면, 각종 권력도 분산될 것입니다. 종교 권력도 예외가 될 수 없습니다. 이렇게 되면 타율종교는 무너지게 됩니다.

자율종교의 시대

물론 종교 자체가 없어질 수는 없습니다. 21세기의 첨단과학시대에 아직도 지구 어느 한쪽에서는 원시부족사회가 존재하는 것처럼, 아무리 시대가 변해도 인간의 원초적인 신앙심은 사라지지 않을 것입니다.

그러나 한 가지 분명한 것은 더 이상 타율종교가 종교의 중심을 이루지는 않을 것입니다. 미래는 자율종교로 갈 수밖에 없습니다. 지금도 인공지능, 블록체인 등 첨단 과학기술의 발달 덕분에 종교뿐만 아니라 모든 영역의 정보를 일반 대중이 쉽게 접할 수 있는 시대입니다. 더 이상 사람들은 어리석은 존재가 아닙니다.

미국 종교사회에서 자율종교를 가장 먼저 설파한 사람은 에머슨입니다. 그는 1838년 하버드 신학대학의 초청으로 강연을 하게 됩니다. 그는 이 자리에서 종교의 모든 허식과 장막을 모두 걷어내는 일대 연설을 합니다. 그 핵심은 다음과 같습니다.

> 무엇보다 홀로 가고, 훌륭한 모범들, 심지어 사람들의 생각 속에서 신성시되는 것들까지도 거부하며, 그리고 담대하게 중재자나 장막 없이 하나님을 사랑하기를 권하고 싶습니다.〈신학교 연설〉

에머슨의 연설은 제도화되고, 정치화되고, 상업화된 종교의 위선을 신랄하게 지적한 일대 사건이었습니다. 목회를 주업으로 삼은 종교인들에게는 청천벽력과 같은 외침이었습니다.

사실 에머슨의 외침은 예수의 정신을 전한 것에 불과합니다. 진리를 전도하는 자는 재산을 소유하지 말라고, 예수는 제자들에게 가르쳤습니다. 이 점에서 석가도 두타행(頭陀行)을 강조했습니다. 두 분 모두 성직자의 기본 조건으로 무소유(無所有)를 말씀한 것입니다.

홀로 가고, 신성시되는 것을 거부하고, 중재자나 장막 없이 하나님을 사랑하라는 에머슨의 말 속에 예수와 석가의 정신이 다 녹아있습니다. 에머슨의 말은 석가가 마지막 설법에서 한 '자등명(自燈明), 법등명(法燈明)'의 말씀과 일치합니다. 자신을 밝히고 법을 밝혀 우리는 진리에 이를 수 있습니다. 진리의 법을 받고 행하는 사람은 모두 신(神)이 되는 것입니다. 예수의 말씀도 이와 동일합니다.

하느님의 말씀을 받은 사람들을 모두 신이라 불렀다.(요한복음
10:35)

예수의 전도 목적은 석가의 목적과 동일합니다. 두 분 다 미몽에
싸인 인간이 완전한 인간으로 깨어나길 바라고, 전도의 고달픈 일생
을 사신 것입니다. 예수는 우리 자신이 하나님같이 완전한 존재가 될
수 있음을 말씀했습니다.

하늘에 계신 아버지께서 완전하신 것같이 너희도 완전한 사람
이 되어라.(마태복음5:48)

예수의 말씀은 인간이 깨달아 부처가 될 수 있다는 석가의 말씀
과 다르지 않습니다. 우리가 예수나 석가의 말씀처럼 완전한 인간이
되기 위해서는 일체의 장막을 거두어 내야 합니다.
하나님과 부처님이라는 말은 진리를 대표하는 말입니다. 이 명칭
이 어떤 특정한 경계나 존재를 의미하지 않습니다. 이 부분에 대해서
는 석가가 특히 강조해서 말씀했습니다.

무릇 상이 있는 것은 모두 허망하다.(凡所有相, 皆是虛妄)《금강경》

관념, 표현, 형식 등이 참된 종교생활에 방해가 된다는 사실을 에
머슨도 깊이 깨달았습니다. 에머슨은 진리의 본체와 진리에 이르는
진정한 방법에 관한 그의 입장을 시 〈브라흐마〉에서 역설적으로 드러

내고 있습니다.

> 만일 붉은 살인자가 살인한다고 생각한다면,
> 혹은 만일 살해당하는 자가 살해당한다고 생각한다면,
> 그들은 잘 모르는 것이다
> 내가 존속하고, 사라지고, 다시 돌아오는 그 오묘한 법을.

> 먼 또는 잊힌 것이 내게는 가깝고,
> 그림자와 햇빛이 똑같다.
> 추방당한 신들이 내게 나타나며,
> 내게는 수치와 명성이 하나다.

> 그들은 잘못 생각한 것이다. 나를 등졌다고 생각한다면.
> 내 위를 날아갈 때, 나는 날개다.
> 나는 의심하는 자이자 의심이며,
> 나는 브라흐만 교도들이 노래하는 찬송가이다.

> 강한 신들도 내 거처를 동경하고
> 헛되이 일곱 성인들도 그리워한다.
> 그러나 그대여, 유순한 선(善)의 애호가여!
> 나를 찾고, 천국에 등을 돌려라. (브라흐마)

이 시에서 에머슨은 우주의 본체를 브라흐마라고 부르고 있습니

다. 이 책에서는 예수의 말씀을 천주교와 개신교의 공동번역을 따라 그대로 인용하기 때문에, 천주(天主)를 하느님으로 표현하고 있습니다. 그와 달리 개신교에서는 천주를 하나님으로 부르고 있습니다. 우리는 특정 명칭에 대해 갑론을박할 수 있지만, 이 시의 의미를 되새김질해보면 우리가 표현과 형식에 얼마나 갇혀 있는가를 깨달을 수 있습니다.

진리 차원에서 보면, 명칭보다는 그것이 의미하는 바와 진리를 향한 실질적 추구가 중요합니다. 에머슨도 절대적 존재를 브라흐마로 부르던 하나님으로 부르던, 그것은 중요한 것이 아니라고 생각했습니다. 중요한 것은 명칭 뒤에 있는 근본정신이기 때문입니다.

그래서 에머슨은 이 시에서 표현에 얽매여 있는 기독교인들의 고정관념을 깨부순 것입니다. 〈브라흐마〉의 마지막 연에서 천국에 대한 종교적 관념도 진리를 가리는 장막임을 말하고 있습니다. 일체의 장막을 다 비워야 진정한 천국에 이를 수 있습니다.

기독교를 포함해서 유불도가 여러 신(神)은 인정하지만, 우상숭배는 본질적으로 경계하고 있습니다. 그런데 우리는 우주의 근본 진리를 대표하는 하나님, 부처님 등의 명칭을 자기식으로 관념화하고 숭배하는 과정에서, 오히려 우상숭배에 빠지는 오류를 범하고 있습니다. 이 점에서, 석가는 가장 분명하게 종교의 관념과 형식이 줄 수 있는 환상을 깨뜨리는 말씀을 했습니다.

불법이란 불법이 아닌 것이다.(佛法者 卽非佛法)《금강경》

모든 성인이 추구하는 것은 종교의 수단을 통해 깨달음에 이르도록 하는 것이었습니다. 우리의 개신교도 이런 측면에서 초기 선각자들에게 깊은 영향을 주었습니다. 예를 들어, 초기 개신교 신자인 류영모도 석가와 예수를 동일하게 보았습니다. 그도 에머슨의 말처럼 일체의 장막과 중재자들 거부했습니다. 진리를 진리 자체로 보았던 것이죠.

하늘의 진리와 직접 소통하는 시대에 우리는 살고 있습니다. 따라서 진리의 본체와 사람들을 매개하는 중개자는 점차 필요 없게 됩니다. 이 말을 성직자가 전혀 필요 없다는 말로 곡해할 필요는 없습니다. 성직자이든 일반 신도이든 상관없이 진리 앞에서는 누구나 평등하다는 의미로 받아들이는 것이 좋습니다.

종교의 가장 중요한 역할은 인간의 정신을 정화시키고 진리를 깨닫게 하는 일입니다. 아마도 이 시대에도 누구나 깨달음을 희구하지만, 깨달음으로 이끌 종교가 없기 때문에 종교인이 점차 줄어드는 이유가 될 것입니다. 미래에 종교가 사라진다는 예견은 이러한 현실과 무관하지 않습니다.

엄밀히 말하자면, 종교가 없는 것이 아니라, 종교가 깨달음보다는 기복으로 돈을 버는 것에 중점을 두기 때문입니다. 그리고 좀 더 고찰해보면, 깨달음을 성직자들에게 국한하고 나머지 사람들은 그들에게 복종하고 따르기를 바라기 때문입니다. 이것은 극히 잘못된 것입니다.

불교에서 불법승(佛法僧) 삼보(三寶)를 예로 들을 수 있습니다. 현재 불교도 부처님의 진리에 이르려면 승려라는 중재자를 거쳐야 합니다. 불법승의 승을 승(僧)으로 해석한 것에서 비롯된 오류입니다. 원래 승은 승가(僧伽)의 줄임말로 비구, 비구니뿐만 아니라, 남녀 신도 전체를 아우르는 말이었습니다.

그런데 승을 승려로 한정하게 되자, 승려라는 중개자 없이는 진리에 이를 수 없는 제도가 생긴 것입니다. 승려와 신도는 진리에 이르는 동반자 관계입니다. 진리에는 등급과 계층이 있을 수 없습니다. 하늘의 뜻, 즉 도를 실천하는 자가 진정한 보살(菩薩)입니다.

대각성 운동

코로나는 인류의 각성을 촉구하고 있습니다. 선(善) 속에서 악(惡)이 자라고, 악에서 선이 움튼다는 사실이 역(易)의 이치이자 성인(聖人)의 가르침입니다. 따라서 인간은 끊임없이 자신과 사회를 돌아보고 선악의 고리를 끊어야 합니다.

더 이상 과거의 선악 논쟁에 빠지지 말고, 현재 자신이 진실한가를 각성해야 할 때입니다. 그렇다고 과거의 악을 미화하는 일은 없어야 합니다. 자 그럼, 우리는 어떻게 해야 할까요?

우리는 진실과 보편정신을 회복하는 대각성 운동을 전개해야 한다고 생각합니다. 사실 모든 종교는 깨달음을 목표로 하고 있습니다. 공자, 노자, 석가, 예수 등 모든 성인이 이 점에서 예외가 없습니다.

깨달음은 현재 내가 진실한가를 스스로 각성하는 것으로부터 시작됩니다. 내가 남을 비판할 자격이 있는가를 냉정하게 성찰해야 합니다. 다시 원점으로 돌아가서 보면, 현재의 나는 내가 상대하는 다른 사람들과의 상호작용의 결과임을 알 수 있습니다. 서로의 선악(善惡)이 뒤섞여 오늘의 나를 만들었습니다. 이제 우리는 다시 깨어나야 합니다. 예수도 분명히 말씀했습니다.

정말 잘 들어 두어라. 누구든지 새로 나지 아니하면 아무도 하느님의 나라를 볼 수 없다.(요한복음3:3)

새로 나야 한다는 예수의 말씀은 석가가 목표한 깨달음의 말씀과 같습니다. 대각성 운동이 벌어지면, 모든 종교의 핵심만 남을 것입니다. 그 핵심은 인간의 각성, 즉 깨달음에 이르는 원리와 방법입니다.

한 사람이 바르게 깨어나고, 그 힘이 파급되고 나아가 사회와 국가로 확대되고, 마침내 전 세계가 동조하는 현상이 일어날 때, 인류는 진실로 새로운 문명을 맞이하게 될 것입니다. 현재 자신이 진실한 모습을 회복할 때만이, 과거로부터 자유롭고 동시에 미래의 주인공이 될 수 있습니다.

지관(止觀)의 도리

주역으로 종교를 본다면 풍지관(風地觀) 괘가 가장 적합할 것입니다. 원래 이 괘는 제사를 예로 들어 통치의 엄숙함을 설명하고 있지만, 종교의 역할에 적용해도 무리가 없습니다.

상괘 손(巽)은 바람을 뜻하고, 하괘 곤(坤)은 땅을 의미합니다. 바람이 대지 위를 지나가면서 세상의 실상을 바라보는 모습입니다. 그러나 풍지관은 음력 8월로 수확을 앞둔 시점입니다. 따라서 가을의 찬서리 같은 엄중함으로 쭉정이와 알맹이를 골라내야 하는 시기입니다. 괘사도 제사의 형식보다는 내용을 중시하고 있습니다.

관은 제사를 위해 손을 씻었으나 제물은 올리지 못함이다. 믿음이 있으면 엄숙할 것이다.(觀, 盥而不薦, 有孚顒若)《주역》

제사의 의미가 제물에 있는 것이 아니라, 제사를 지내는 마음에 있는 것은 자명한 사실입니다. 따라서 비록 제물을 올릴 수 있는 상황은 아니더라도, 마음이 정갈하고 천도(天道)에 대한 믿음이 강건하면, 제사의 도리는 온전히 한 것입니다. 단사에서는 종교의 도리를 엿볼 수 있습니다.

단사에서 이르기를, 크게 보는 것이 위에 있어, 순순히 따르며, 중정으로써 천하를 바라본다. 관은 제사를 위해 손을 씻었으나, 제물은 올리지 못했지만, 믿음이 있으면 엄숙할 것이다 함은 아래가 보고 교화될 것이라는 뜻이다. 하늘의 신명한 도를 보면, 사계절이 어긋남이 없고 성인이 신명한 도로써 가르침을 세우니, 천하가 감복한다.(象曰, 大觀在上, 順而巽, 中正以觀天下. 觀盥而不薦, 有孚顒若, 下觀而化也. 觀天之神道, 而四時不忒, 聖人以神道設敎, 而天下服矣)《주역》

풍지관의 중심 효는 5효(구오)와 6효(상구)입니다. 위에서 크게 보는 것은 구오를 뜻합니다. 구오는 중정(中正)의 도리로 엄격한 천도를 구현해야 할 지도자의 위치에 있습니다. 구오는 어떤 기준으로 하늘의 뜻을 구현할 수 있을까요?

"성인이 신명한 도로써 가르침을 세운다(聖人以神道設敎)."는 단사의 해석은 종교의 성립과정을 설명합니다. 도를 구현할 기준을 이미 성인이 말씀하셨다는 의미입니다. 구오는 제사를 지내듯, 하늘의 도리를 성심을 다해 구현하면 됩니다. 구오의 자세를 효사가 밝히고 있습니다.

나의 삶을 관찰하다. 군자는 허물이 없다. 상사에서 이르기를, 나의 삶을 관하다 함은 백성을 본다는 뜻이다.(觀我生, 君子无咎. 象曰, 觀我生, 觀民也)《주역》

구오는 자신의 삶을 바르게 관찰해야 합니다. 앞서 지적했듯이, 나의 모습은 외부에 투영되어 있습니다. 따라서 지도자의 삶을 관찰하는 것은 백성, 즉 국민의 삶을 보는 것과 다르지 않습니다. 국민의 생활상이 그대로 통치권자의 평가 기준이 되는 것입니다.

국민의 삶을 잘 관찰하고, 도리에 맞게 정치를 한다면 허물이 없습니다. 하지만 구오가 잘하기 위해서는 스승의 역할이 큽니다. 예전에는 그 기능을 종교 지도자가 했습니다. 여기서 상구는 종교 지도자의 역할을 설명합니다.

> 삶을 관찰하다. 군자는 허물이 없다. 상사에서 이르기를, 삶을 관하다 함은 뜻이 아직 안정을 찾지 못했다는 뜻이다.(觀其生, 君子无咎. 象曰, 觀其生, 志未平也)《주역》

상구는 변화의 끝에 있기 때문에 마음이 편하지 않습니다. 비록 자신과 세상을 관찰하고 있지만, 안정을 찾기는 힘든 상황입니다. 세상이 늘 고통 속에 있기 때문입니다. 번뇌화택(煩惱火宅)과 같은 이 세상에서도 마음을 '멈추고(止)' 세상을 바르게 '보는(觀)' 것이 종교인의 자세입니다. 그리고 지관(止觀)을 통해 얻은 지혜를 세상에 전하는 것이 종교의 역할입니다.

현재 종교가 이런 역할을 제대로 하고 있나요?

종교(宗敎)는 말 그대로 '으뜸의 가르침'입니다. 단사의 원문에서 밝힌 신도설교(神道設敎)의 역할은 이미 현 종교에서는 사라진 지 오래된 것 같습니다. 예수와 석가가 공통으로 전한 것은 인간을 완전히 해방시키는 대자유의 정신이었습니다. 그러나 이 정신은 현 종교에서는 거의 유명무실합니다. 현재 남은 것은 기복과 물질만능주의뿐입니다.

앞으로 제2의 진정한 종교혁명이 일어난다면, 그 역할을 다시 기대해볼 수 있을지도 모르겠습니다. 그렇다면 그사이에 종교를 대신해서 으뜸의 가르침을 할 수 있는 것은 무엇일까요? 인간교육과 그 정신을 표현한 문화밖에 없습니다.

07

신인류의 등장,
초인(超人) 시대의 교육과 문화

07

신인류의 등장,
초인(超人) 시대의 교육과 문화

    미래 문명은 신인류가 주도할 것입니다. 신인류란 말이 의미하듯이, 현재의 인류와는 전혀 다른 인류가 등장하는 것입니다. 이것은 인공지능기술, 생명과학, 뇌과학, 정신과학, 로봇 등 모든 첨단과학기술이 한데 융합된 사이보그나 인공지능로봇의 출현을 의미합니다. 영화에서 보던 육백만 불의 사나이, 터미네이터 등과 같은 존재가 출현하는 것이죠.

    물질과학과 정신과학이 융합되면 인간 자체가 인공지능화된 사이보그가 될 수도 있습니다. 문제는 여기에 있습니다. 만약 도덕적으로 문제가 있는 어떤 사람이 사사로운 목적으로 첨단융합기술을 악용한다면, 인류는 이전에는 상상도 못 한 지옥을 맞이하게 될 것입니다.

교육과 문화

    팬데믹으로 인공지능사회가 더욱 가속화되고 있습니다. 인공지능사회가 과연 인류에게 어떤 결과를 가져올까요? 그것은 인간의 정신에 달려있습니다. 그러면 인간의 정신은 무엇이 바르게 깨울 수 있을까요? 종교가 현재 인간의 정신을 깨우는 기능을 제대로 못 하고 있기 때문에, 교육과 문화가 그 역할을 할 수밖에 없습니다.

교육과 문화는 한 몸이라고 할 수 있습니다. 재미있는 것은 교육과 문화는 서로 뒤집어서 불러도 말이 됩니다. 교육문화, 문화교육 둘다 서로 통합니다. 그리고 정치, 경제. 종교, 과학 등 어떤 분야에 교육과 문화를 갖다 붙여도 의미가 통합니다. 인류의 산적한 문제들을 풀수 있는 열쇠는 결국 교육과 문화라는 것을 알 수 있습니다.

교육은 문화를 통해 구현되고, 문화는 교육에서 그 정신을 기를수 있습니다. 인간은 교육을 통해 성숙되고, 문화를 통해 그 결실을누리게 됩니다. 인류의 문제는 결국 교육과 문화의 문제입니다. 제대로 된 인간을 길러내는 교육과 문화만 있다면, 정치, 종교, 경제 등 모든 문제를 해결할 수 있습니다. 이 점에서, 인류의 미래는 교육과 문화에 달려있다고 해도 과언이 아닙니다.

우리 교육의 현실

여기서 우리의 교육문제를 생각해 볼 필요가 있습니다. 과연 우리는 미래사회를 대비하는 교육을 하고 있나요? 지금의 획일적인 입시위주의 교육으로는 미래시대의 인재를 키울 수 없습니다. 미래교육의핵심은 창의력의 올바른 함양에 있습니다. 국어, 영어, 수학 중심의 교과학습은 대개 암기 위주나 선행학습 중심이기 때문에, 인류공영과 평화를 위한 바른 창의력을 키우는 데 한계가 있고, 때로는 걸림돌이 되기도 합니다.

더욱이 교육방식이 미래인재를 키우는 데 적당하지 않습니다. 21세기 학생들에게 20세기의 교육을 시키고 있는 실정입니다. 단순한 지식전달자로의 교사는 인공지능을 따라잡을 수 없습니다. 때문에 미래에 사라질 직업 중 하나가 교사라고 합니다.

교육의 문제는 에머슨 당대의 미국도 다르지 않았습니다. 에머슨은 명문 하버드 대학을 나왔지만, 19세기 당시만 해도 미국의 대학교육은 유럽의 지식을 답습하는 정도에 불과했습니다. 새로운 미국의 정신을 가르치는 것에는 미흡했습니다. 교육에 대한 그의 불만은 시 〈사월〉에 잘 나타나 있습니다.

> 너의 슬픈 문제들은 집어치우고,
> 햇살 깃들인 개울에 구애하라.
> 남풍은 재치 있고,
> 학교는 우울하고 느리며,
> 선생님은 너무 생략하는구나.
> 우리가 알고 싶은 지식을.〈사월〉

교육이 시대의 흐름은 따라가지 못하면 국가의 미래가 없습니다. 그러나 교육이 외형적 발전에만 치우치고 근본정신을 잃어버리면, 중심을 잃고 강대국에 끌려다닐 수밖에 없습니다. 따라서 인문과학과 기초과학으로 중심을 잡고, 응용융합과학으로 발전을 도모해야 합니다.

개인의 장래뿐만 아니라 국가의 미래도 교육에 달려있다는 사실은 누구나 인지하고 있습니다. 특히 우리나라 사람들은 교육열이 높습니다. 그 덕에 한강의 기적을 이룩하는 데 필요한 인재를 길러낼 수 있었습니다. 당시에는 선진국의 산업과학기술을 익히는 데는 암기형 교육이 적당했기 때문입니다.

그러나 이제 시대가 변했습니다. 이제는 소프트웨어가 하드웨어를 지배하는 세상이 되었습니다. 지금의 교육제도와 내용으로는 세계를 선도하기 힘듭니다. 더욱 문제가 되는 것은 지나친 입시위주의 교육으로, 많은 학생들이 적성보다는 성적에 맞는 학교나 학과에 진학한다는 사실입니다.

자신의 인생을 짜인 틀에 맞춰야 한다면, 자신의 정체성을 발휘하기 힘듭니다. 또한 학업스트레스로 인한 갈등과 사고도 많습니다. 그래서 중간에 학교를 관두는 학생들이 많습니다. 많은 사람들이 일류 대학에 진학하기를 열망하고 있습니다. 그러나 어렵사리 들어간 대학에서 중도 포기하는 학생들이 적지 않습니다. 자신의 적성과 능력에 맞지 않기 때문입니다. 이것은 사회적 낭비이고, 개인으로서는 소중한 인생을 허비하는 일입니다.

우리 사회에서 이러한 교육문제를 해결하기 위해 많은 노력과 시도가 있었습니다. 그 결과 여러 종류의 대안학교가 생겨났고, 자사고와 같은 특수 목적고도 설립이 되었습니다. 이들 학교에서는 일반학교에서는 실행하기 힘든 전문화된, 혹은 특수한 교육을 시키고 있고,

그 성과도 적지 않습니다.

교육 당국은 획일적으로 교육문제를 해결하려 하지 말아야 합니다. 일반학교의 평준화 교육에 맞지 않거나, 특별한 교육을 원하는 학생과 학부모의 욕구를 정책으로 일반화하는 것은 바람직하지 않습니다. 원칙을 세우되 변통을 적절히 활용하는 것이 좋습니다. 교육은 전체를 아우르는 통일성도 중요하지만, 개인의 재능이 다양하기 때문에 다양성 확보가 관건입니다.

법으로 인간의 교육욕구를 제한하는 것은 어리석은 일입니다. 오히려 일반교육의 내실을 강화하는 쪽으로 방향을 잡는 것이 바람직합니다. 일반교육이 개인의 다양성을 충분히 개발시키고, 더불어 공동체의 통일성을 조화롭게 이루어낸다면, 자연히 경쟁력이 없는 대안학교들은 사라질 것입니다.

말만 대안학교이지 교육내용은 일반학교와 별다른 것이 없는 경우도 많습니다. 그리고 일부 자사고는 교육비가 대학교보다 높습니다. 문제는 여기에 있는 것 같습니다. 돈 없는 일반학생은 가기 힘들다는 얘기죠. 하지만 내실이 있는 대안학교나 자립형 사립고는 장려하는 것이 바람직합니다.

교육비 문제는 교육당국이 가난하지만 능력 있는 학생들에게 장학금을 주면 해결될 수 있습니다. 쓸데없는 데 들어가는 세금을 인재교육에 투자하고, 동시에 교육현황을 엄격히 평가하면 됩니다. 부실하게 학교운영을 하는 곳에는 행정과 자금의 지원을 중단해서 세금낭비를 막아야겠습니다.

대전환의 시대, 대학의 역할

사실 우리의 대학은 유럽의 대학에 비해 비교적 역사가 짧습니다. 우리는 유럽의 대학에서 대학의 바른 역할을 반추해 볼 수 있습니다.

중세 유럽은 종교가 정치와 결탁해서 혼란이 극에 이른 사회입니다. 여기에 더불어 지금과 유사한 대전염병이 사회를 파멸로 이끌 것 같은 상황이었습니다. 이러한 혼돈 속에서 새로운 질서를 찾을 수 있었던 것은 대학이라는 독립된 연구 집단이 있었기 때문입니다.

영어 'University'에는 보편성을 추구하는 곳이란 의미가 담겨있습니다. 우리가 그것을 대학(大學)이라고 부르는 것은 우리에게도 진리가 보편성을 갖고 있고, 보편 진리를 연구하고 가르치는 곳을 대학이라고 보는 합의가 있기 때문입니다.

중세 대학은 정치와 종교의 영향에서 벗어나 새로운 변화의 방향을 제시했습니다. 대학이 중세 르네상스의 중심점 역할을 하면서 새로운 보편정신이 사회에 안착할 수 있었습니다. 보편적 진리로 무장한 대학에서 인문, 자연, 사회 과학 등을 자유롭게 연구하고 발표할 수 있었습니다.

서양에서 과학과 기술이 이상과 현실을 조화시킨 결과, 비록 고대 동양사상에서 볼 수 있는 정신과 같은 도덕적 수준은 아니지만, 사회 성원 간에 상호주의 원칙이 공동체의 균형을 유지하는 힘으로 작용할 수 있었습니다.

여기서 우리의 경우를 살펴보겠습니다. 근대화 과정에서 우리 대학의 상황을 한번 반추해 보면, 우리 대학이 가야 할 길이 보일 것입니다.

우리도 조선시대에 서구의 대학과 같은 교육기관이 있었습니다. 중앙에는 유럽의 대학 못지않은 성균관이 있었고, 지방에는 향교가 있었습니다. 그럼에도 조선이 서양을 앞서지 못한 것은 보편정신이 철저하지 못한 데 있습니다. 왕을 중심으로 위계질서가 엄격한 권력 사회에서는, 만인의 평등과 자유를 담보하는 보편적 진리를 추구하는 데 한계가 있을 수밖에 없습니다.

더욱이 조선 후기 조선의 마지막 왕 고종은 황제에 등극했지만, 조선 황실은 세계의 정세변화에 둔감했습니다. 특히 일부 권력층이 어리석어 자기 눈앞의 이익만 보고, 나라의 장래를 생각하지 못했습니다. 결국 일제에 나라를 빼앗기고 말았습니다.

나라를 잃을 때, 가장 문제가 되는 것이 국민의 정체성입니다. 우리 민족은 민족성이 어느 민족보다 강합니다. 일본제국은 그 사실을 잘 알고, 오랫동안 우리 민족의 정체성을 말살하기 위한 작업을 진행했습니다.

창씨개명, 백두대간에 쇠말뚝 박기, 한국어 말살정책, 전통 풍속 왜곡 등은 물론이고, 조선인들을 대륙전쟁의 총알받이로 삼으려 했습니다. 이에 대항하여 민족의 독립을 위해 많은 사람들이 노력했지만, 그와 반대로 자신의 안전과 영달을 위해 일본의 앞잡이 노릇을 한 이들이 있는 것도 사실입니다. 그러는 사이에 일제강점기 동안 민족의 정기가 많이 왜곡되고 실추되었습니다.

우리 사회도 일제로부터 독립한 이후 민주주의 사회로 빠르게 진입할 수 있었던 데에는 대학의 역할이 큽니다. 사람들이 일제강점기 동안 교육의 필요성을 절실히 느꼈기 때문에, 곳곳에서 현대적 의미의 대학이 생겨났습니다. 세계 어느 민족보다 우수한 두뇌를 가진 우리 민족은 빠르게 인재를 양성하고 높은 경제발전을 이루었습니다.

비록 그 과정에서 독재정치의 쓴맛을 보았지만, 그 굴레를 비교적 빠르게 벗어날 수 있었던 원동력도 대학이 지성의 목소리를 낼 수 있었기 때문입니다. 그런데 민주정권이 들어선 이후에는 돈이 독재보다 무서운 역할을 하고 있습니다.

대학이 돈의 노예가 되면, 이념의 노예가 되는 것보다 위험합니다. 독재나 공산주의에 대해서는 대중이 공동의 적으로 생각하고 합심하여 대항하지만, 돈 앞에서는 양심도 진실도 사라집니다. 결국 사회의 균형추가 무너지게 됩니다.

눈앞에 당장 이윤이 되는 특정한 분야에 돈이 몰리면서, 과학기술의 근간이 되는 기초과학이 붕괴될 수 있습니다. 무엇보다 지나친 물질만능의 풍조로 인문사회과학 분야에서는 정신이 흐려지게 됩니다.

정신이 타락하면, 물질적 발전이 오히려 사회의 불균형을 초래하게 됩니다. 불균형이 한계상황을 넘으면, 과학기술이 오히려 사회를 파괴하는 요인으로 작용할 것입니다. 물질과학과 정신과학이 균형을 이루며 발전해야 사회가 안정을 유지할 수 있는 이유가 여기에 있습니다.

인간교육의 필요성

인공지능에 보편윤리의식이 없다면, 사이보그는 인간을 노예로 삼고 비정한 기계왕국을 건설할 수 있습니다. 킬러로봇이 세상을 통제할 수도 있습니다. 공상과학소설의 얘기처럼 들릴지 모르지만, 2045년 특이점 시대 이후에 벌어질 수 있는 일입니다.

미래교육은 단순히 빅데이터, 인공지능, 코딩, 메타버스의 증강현실 등을 대비한 교육만을 의미하지 않습니다. 결국 미래 과학기술을 다루는 인간이 가장 큰 문제입니다. 때문에 미래학자들은 공통적으로 인간교육이 미래를 좌우할 것으로 예측하고 있습니다.

인간교육의 목적은 두 가지 측면이 있습니다. 첫째는 개인의 개성과 잠재력을 최대한 끌어내는 것이고, 둘째는 개인의 발전이 공동체의 발전과 안정에 이바지하도록 하는 것입니다.

개인 경쟁력의 총합이 국가의 경쟁력이라는 점에서, 첫 번째 목표가 우리 교육의 최대 목표가 될 수 있습니다. 두 가지 교육 목표 중에서도 우리는 첫 번째 목표에 중점을 두었지만, 아쉽게도 개인의 개성은 상당히 무시당했습니다.

무엇보다 중고등학교까지는 개인의 정체성 확립과 잠재능력 함양에 중점을 두어야 합니다. 인간교육은 개인의 잠재능력 함양을 통해 스스로 온전히 자립하고, 나아가 사회와 조화로운 관계를 유지하도록 교육하는 것을 말합니다. 개인의 다양성과 사회의 통일성을 균형 있게 조율하는 것이 개인의 발전과 인류의 공영을 함께 이루는 길입니다. 따라서 인간교육은 개인의 잠재능력을 최대한 발현시키되, 사회에 피해가 되지 않도록 삶의 도리를 깨우치게 하는 데 교육의 목표가 있습니다.

초중등학교에서 인간교육을 통해 기본 역량을 키운다면, 대학은 그 역량을 사회발전에 공헌하는 데 중점을 두는 것이 바람직합니다. 삶의 도리를 알면 물리(物理), 즉 사물의 이치를 파악하게 됩니다. 물리를 이해하면, 세상을 새롭게 변화시키되 법도를 어기지 않을 수 있습니다.

인간교육과 전문교육이 조화를 이루면, 인공지능이 주는 여러 가지 피해를 근본적으로 예방할 수 있습니다. 또한 덕성, 이성, 감성의 융합이 진정한 창의교육의 방법이기도 합니다. 세상의 물리에 대한 바른 이해에서 생기는 새로운 발견이나 발명은 인류의 미래를 밝게 할 것입니다.

정치와 교육의 분리

한편 인간교육이 제대로 이루어지기 위해서는 최소한 중고등학교까지는 교육과 정치가 분리되는 것이 바람직합니다. 선거 결과에 따라 교육정책이 바뀐다면, 제대로 된 인간교육을 할 수 없습니다. 물론 국가의 경쟁력을 좌우하는 첨단 과학기술은 어느 정도 국가의 정책과 무관할 수 없습니다. 이 점에서 인간교육과 전문교육을 분리하고, 둘 사이의 조율이 필요합니다.

여기서 한 가지 중요한 점이 있습니다. 원칙만 내세우는 어리석은 일관성이 유지돼서는 안 됩니다. 교육이라는 목표는 일관성을 유지하되, 그 방법론에 있어서는 개인과 연구단체의 특수성과 다양성을 동시에 고려해야 성과를 거둘 수 있습니다.

해방 이후 지난 70여 년간의 교육을 돌아보면, 실적 위주의 교육이 어느 정점을 지나가면, 오히려 사회의 발전에 해가 될 수 있다는 사실을 보여주고 있습니다. 무식한 사람이 잘못하면 그 피해가 제한적이지만, 교육 수준이 높은 사람의 비도덕적 행위는 사회에 큰 피해를 주기 때문입니다.

교육 분야의 비리를 보면, 교육 수준이 높은 사람들이 그 핵심에 있습니다. 비리 대학이 존재하는 이유도 교육제도와 관련법을 잘 아는 사람들이 법과 제도의 빈틈을 이용해 학교를 돈벌이의 수단으로 삼기 때문입니다.

예전에 비리대학의 문제를 없애려면, 교육부를 없애면 된다고 하는 말을 들은 적이 있습니다. 이 말은 교육의 양면성을 단적으로 보여주는 대목입니다. 교육이 사회의 인재를 양성하기도 하지만, 반대로 사회의 악을 키우는 역할도 하기 때문입니다.

진리의 상아탑은 어떤 경우에도 정치나 종교의 권력뿐만 아니라 돈의 권력에도 속박되어서는 안 됩니다. 그렇지 않으면 참다운 인간교육은 말할 것도 없고, 보편 진리도 연구하고 구현할 수 없습니다. 만약 대학이 권력의 시녀가 된다면, 대학의 앞날은 없습니다. 단순히 인공지능이 대학교육을 대신할 수 있기 때문에, 대학이 없어지지는 않습니다. 대학의 정신이 사라질 때, 대학은 존재 이유가 없게 됩니다.

다문화 시대의 한류문화

인간교육이 결실을 맺을 곳은 문화입니다. K팝으로 시작된 한류가 영화와 드라마로 번지고 있습니다. 우리의 문화가 진정으로 세계를 주도하기 위해서는 홍익인간과 같은 보편정신이 필요합니다. 그리고 더불어 보편정신을 구현할 문화의 콘텐츠와 융합기술 등이 중요합니다. 그러므로 무엇보다 다양한 문화를 아우를 수 있는 융합인재의 양성이 시급합니다.

이 점에서 다문화 사회는 사회의 갈등요소이기도 하지만, 새로운 융합문화를 만드는 활력소가 될 수도 있습니다. 위기를 기회로 만드는 것은 우리의 지혜와 의지에 달려있습니다. 그런 의미에서, 현재 국제결혼을 통해 들어와 있는 외국인들, 외국인 유학생, 노동자 등을 적극적으로 문화교육에 활용할 필요가 있습니다.

특히 문화의 동질성을 보이는 유라시아 국가 출신들을 문화교육에 활용하고 지원한다면, 우리의 경제문화 영토를 넓히고 국가 이미지를 개선하는 데 일조할 것입니다. 또한 구직난에 있는 청년들을 일정한 교육과정을 거쳐 유라시아 국가들로 해외 취업이나 파견을 하는 것도 문화보급의 한 방법이 될 수 있습니다.

한민족에 뿌리를 두거나 인연이 있는 민족들이 의외로 세계 여러 나라에 뻗어있습니다. 이러한 문화적 고리를 잘 활용하면, 다문화로 인한 갈등도 해소할 뿐만 아니라 경제교류에도 큰 도움이 될 수 있습니다.

홍익인간의 정신문화

유라시아 국가들을 연결하는 문화적 고리는 단군문화입니다. 단군문화의 핵심은 홍익인간의 정신문화입니다. 현재 홍익인간의 교육이념을 삭제하자는 일부 정치인들의 움직임이 있습니다. 이것은 어처구니없는 일입니다. 다른 나라는 없는 문화도 만들고, 심지어 남의 나라 문화도 자기 것으로 만드는 데, 우리는 좋은 전통문화도 없애려 하고 있습니다.

아마도 홍익인간의 이념을 일부 종교단체에서 사용하고 있기 때문인 것 같습니다. 그러나 종교의 신앙과 문화를 같은 선상에서 보는 것은 바람직하지 않습니다.

우리가 기독교, 불교, 유교의 기념물이나 사적들을 문화재로 보존하는 이유는 종교적인 이유 때문이 아닙니다. 전통 문화재로서 가치가 있고 사회의 풍속을 바로 하는 데 기여하기 때문입니다. 다양한 종교 문화가 공존하는 것이 오히려 사회를 건강하게 합니다.

이 점에서 우리는 에머슨의 통합사상에서 본보기를 찾는 것이 좋습니다. 지금의 미국의 정신과 문화는 에머슨의 영향을 많이 받았습니다. 앞서 언급했듯이, 에머슨의 정신이 곧 미국의 정신이라고 하는 평가는 이러한 통합사상에 기인한 것입니다.

에머슨은 동서양의 사상 중에서 좋은 것은 다 갖다 이용해서, 초절주의라는 통합사상을 만들었습니다. 초절주의는 다양성 속의 통일성이라는 미국의 정체성을 가장 잘 담을 수 있는 사상체계입니다. 미국이 다인종, 다문화, 다종교 사회를 하나의 '멜팅 팟(Melting Pot)'에 다 녹여 낼 수 있었던 원동력은 에머슨의 정신에서 나왔습니다.

인종의 용광로 안에 다양성을 담아 사회의 통일성을 끌어낸 덕에, 미국은 19세기 후반부터 엄청난 힘을 발휘할 수 있었습니다. 20세기에 들어서서는 인종, 문화, 종교의 경계를 넘어 초거대국가를 만들어 낼 수 있었습니다.

물론 현재 미국은 초심을 잃은 경향이 있습니다. 앞으로 미국의 통합정신이 더 흐려진다면, 미국의 앞날도 밝지 않을 것입니다. 역사에 볼 수 있듯이, 거대한 제국의 흥망성쇠는 결국 그 정신에 달려있기 때문입니다.

우리는 미국의 사례에서 배워야 합니다. 저속한 정신을 배울 것이 아니라, 미국의 핵심 통합정신을 배워야 합니다. 우리도 내 것, 네 것이라는 이분법적 경계를 타파하고, 좋은 것은 모두 가져와서 우리 것으로 만들어야, 진정한 선진국에 이를 수 있습니다.

미국이 미처 다 이루지 못한 진정한 문화 국가를 이루기 위해서는 홍익인간(弘益人間) 재세이화(在世理化)라고 하는 우리의 좋은 전통문화를 세계화할 필요가 있습니다. 만약 단군시대와 그 위에 존재했던 고대사를 극적인 요소를 잘 가미해서 소설, 영화, 드라마로 만들 수 있다면, 영국의 작가 조앤 롤링(Joan K. Rowling)의 해리 포터 시리즈(Harry Potter Series)보다 큰 흥행을 일으킬 수 있을 것입니다.

여기서 다시 한 번 더 분명히 할 점이 있습니다. 홍익인간의 정신은 고대부터 전해온 우리 민족의 고유한 정신이기 때문에, 우리 모두의 소중한 문화유산입니다. 여러 종교의 문화유산을 보존하고 그 의미를 기리는 것도 같은 이유 때문입니다.

따라서 홍익인간이란 말은 어떤 종교의 전유물이 아닙니다. 앞으로 민족 종교, 문화, 역사 등에 종사하는 사람들도 이 좋은 사상을 자기의 이익을 위해 사유화하지 말고, 홍익의 본래 의미에 맞게 그 정신을 널리 펴야 합니다.

홍익인간의 정신은 본래 홍도익중(弘道益衆)의 준말로 어떤 특정 종파나 단체의 이익을 위한 것이 아닙니다. 그것은 전 세계 모든 사람이 큰 도(道)로써 이익을 볼 수 있도록 하는, 인류공영과 평화의 정신문화이기 때문입니다.

의식혁명과 초인시대

20세기 들어서서부터 서양과학도 정신과학에 눈을 돌리고 있습니다. 이 분야에서도 현재 유의미한 발전이 이루어지고 있지만, 물질과학에 비하면 정신과학의 발전은 아직 미미한 단계라고 할 수 있습니다. 그러나 앞으로 정신과학과 물질과학이 본격적으로 융합되면, 엄청난 발전이 기대되고 있습니다. 아마도 메타버스에 이 분야의 개발성과가 적용된다면, 상상하기 힘든 미래가 펼쳐질 수도 있습니다.

과학, 정치, 경제, 문화, 종교, 교육 등 모든 영역이 하나로 융합되면, 자신의 운명은 자신이 스스로 분석하고 판단해서 결정할 수 있는 시대가 열릴 수 있습니다. 신(神)에게 자신을 의탁할 필요가 없게 됩니다.

하지만 현재 인류의 의식수준은 그리 높지 않습니다. 지구촌 곳곳에서 갈등과 충돌로 고통을 겪고 있는 것을 보면 알 수 있습니다. 우리 사회도 남북한이 대치하고 있어서 전쟁의 위기감이 상존하고, 더불어 사회 내에서도 갈등요소가 너무 많습니다.

인간의 의식수준을 연구한 대표적인 학자로 호킨스(David Hawkins) 박사를 들 수 있습니다. 그는 인간의 의식을 수치심에서 깨달음까지 수치화해서 20에서 1000까지 분류하고 있습니다. 그의 분류에 따르면, 이성 중심의 의식수준은 400에 불과합니다. 서로의 입장과 이익이 다르기 때문에, 이성적 판단은 서로 대립할 수밖에 없습니다. 따라서 이성만으로는 인류의 갈등을 풀 수 없다는 것을 알 수 있습니다.

인간이 추구하는 평화의 의식수치는 600입니다. 깨달음은 700에서 1000까지 상대적으로 폭이 넓습니다. 영적인 수준에서 깨달음의 정도가 상당히 차이가 크다는 것을 알 수 있습니다. 호킨스에 따르면 인간은 영적인 능력이 있으며, 우리는 그것을 얼마든지 고양시킬 수 있다고 봅니다. 그뿐만 아니라 정신과학자들은 인간의 영성을 개발하는 다양한 방법을 제시하고 있습니다.

앞으로 심신의학, 정신과학, 첨단물리학 등이 융합되면, 그 성과를 인간의 의식상승에 활용할 수 있습니다. 인간의 정신은 신경망을 통해서 온몸과 연결되어 있습니다. 만약 신경망을 완전히 활성화하는 방법이 개발된다면, 인간은 신(神)의 영역에 들어가게 됩니다. 아마도 미래의 의식혁명은 모든 융합과학과 영성의 결합으로 이루어질 가능성이 높습니다.

아마도 예수와 석가가 예견한 신인(神人) 시대이자 보살 시대, 즉 초인 시대가 특이점 이후에 도래할 수도 있습니다. 의식혁명을 통해 초인 시대가 열리면, 동학의 인내천(人乃天) 사상이 실제로 지상에 구현될 수 있습니다.

무명(無明)을 밝혀라

모든 성인은 공통적으로 인간의 잠재적인 본성을 깨워 완전한 인간을 만들고자 했습니다. 주역에서 인간의 의식을 깨우는 교육에 관한 대표적인 괘는 산수몽(山水蒙)입니다.

석가는 중생의 무명을 밝히기 위해 의사가 환자를 치료하듯이 단계적으로 무명을 밝히는 방법을 말씀했습니다. 고집멸도(苦集滅道) 사성제(四聖諦)는 환자치료의 방법을 중생의 무명(無明)을 밝히는 데 적용한 것입니다.

석가는 인간의 고통을 겪는 원인이 집착에 있다고 진단하고, 집착으로 생긴 고통을 제거하기 위해 팔정도(八正道)를 처방했습니다. 산수몽에서는 인간의 어두운 의식을 밝게 깨기 위해 6단계의 변화과정을 제시하고 있습니다.

괘상을 보면 하괘에는 물과 위험을 상징하는 감(坎)이 있고, 상괘에는 멈춤과 산을 뜻하는 간(艮)이 있습니다. 위험이 도처에 도사리고 있는데, 앞으로 나아갈 수 없는 상황입니다. 미래를 알 수 없을 때, 고대에는 점(占)을 쳤습니다. 괘사를 보시죠.

몽은 형통하다. 내가 어리석은 아이를 찾는 것이 아니라, 어리
석은 아이가 나를 찾는 것이다. 처음 점칠 때는 알려주지만,
두세 번 반복하는 것은 모독하는 것이므로, 모독하면 알려주
지 않는다. 올곧으면 길하다.(蒙, 亨. 匪我求童蒙, 童蒙求我, 初筮
告, 再三瀆, 瀆則不告. 利貞)《주역》

어리석은 사람이 현자(賢者)를 찾아가는 것은 상식입니다. 고대에
는 아직 의식수준이 낮은 사람들이 많았기 때문에, 점이라는 형식을
빌려 사람들을 교육시키는 것이 효과적이었습니다.

의사를 신뢰해야 치료가 가능하듯이, 선생에 대한 믿음이 강해야
성공적인 교육이 이루어집니다. "모독하면 알려주지 않는다."는 괘사
는 이런 믿음을 강조한 것입니다. 단사의 해석을 보면 좀 더 상황을
파악할 수 있습니다.

단사에서 이르기를, 몽은 산 아래 위험이 있고, 위험하여 멈
추는 모습이 몽이다. 몽은 형통하다 함은 막힘없이 행하되 때
에 맞게 하기 때문이다. 내가 어리석은 아이를 찾는 것이 아니
라, 어리석은 아이가 나를 찾는 것이다 함은 뜻이 상응하기 때
문이다. 처음 점칠 때는 알려주는 것은 굳센 양이 가운데 자리
에 있기 때문이다. 두세 번 반복하는 것은 모독하는 것이므로,
모독하면 알려주지 않는다 함은 몽매함을 욕보이기 위함이다.
어리석음을 바르게 일깨우는 것은 성인의 공덕이다.(象曰, 蒙,
山下有險, 險而止, 蒙. 蒙, 亨, 以亨行時中也. 匪我求童蒙, 童蒙求我,

志應也. 初筮告, 以剛中也, 再三瀆, 瀆則不告, 瀆蒙也. 蒙以養正, 聖功也)《주역》

원문의 '시중(時中)'이 교육은 물론이고 모든 인간사에 다 중요합니다. 때에 맞게 적당하게 교육을 해야 어리석음을 깨울 수 있습니다. 사람의 의식발달시기에 맞게 교육을 하면 의식이 형통하게 깨어나기 시작합니다.

그래서 석가는 중생의 근기에 맞게 대기설법(對機說法)을 했습니다. 아무리 좋은 가르침도 수준에 맞지 않으면 소용이 없기 때문입니다. 상사의 해석은 약간 다른 각도에서 교육을 말하고 있습니다.

상사에서 이르기를, 산 아래 샘물이 솟아나는 모습이 몽이다. 군자는 결단의 행동을 보임으로써 덕을 기른다.(象曰, 山下出泉, 蒙, 君子以果行育德)《주역》

단사의 해석과는 달리 하괘 감(坎)의 의미가 위험에서 샘물로 전환되었습니다. 위험이 해소된 상황을 말하고 있습니다. 여기서는 정치지도자의 역할이 강조되고 있습니다.

상사(象辭)는 지도자가 과행(果行)과 육덕(育德)을 통해 국민을 교육할 책무가 있다는 점을 말하고 있습니다. 과행은 좋은 결실을 끌어내는 지도자의 결단을 말하는 것이고, 육덕은 통치를 통해 국민의 도덕을 기르는 것이 최고의 정치라는 것을 말합니다.

산수몽은 인간교육을 6단계로 설명하고 있습니다. 인간교육의 1단계는 발몽(發蒙)의 단계입니다. 1효(초육)의 효사는 어리석음을 밝히는 초기 과정에서 주의할 사항을 설명하고 있습니다.

> 어리석음을 깨우치기 위해서는 형벌로써 사람을 다스리는 것이 이롭다. 질곡을 기꺼이 사용해야 하기 때문에, 나아가면 곤란하다. 상사에서 이르기를, 형벌로써 사람을 다스리는 것이 이롭다 함은 바른 법을 행하기 때문이다.(發蒙, 利用刑人, 用說桎梏, 以往吝. 象曰, 利用刑人, 以正法也)《주역》

사람의 의식수준이 매우 낮을 때는 형벌로 동물적 본능을 억누를 필요가 있습니다. 어린아이를 훈육할 때, 매를 아끼면 아이를 망치는 것과 같은 이치입니다. 1단계에서 형벌을 얘기하는 것은 정신에 앞서 육체를 바르게 하는 법을 가르치기 위함입니다.

물론 벌을 위한 벌이 아니라, 교정(敎正)을 위한 벌이어야 진정한 효과를 볼 수 있습니다. 따라서 바른 법이 전제돼야 합니다. 법이 바르지 않으면, 벌을 받는 것이 억울한 일이 됩니다. 지나친 벌은 오히려 역효과를 불러올 뿐입니다.

인간교육의 2단계는 포몽(包蒙)의 단계입니다. 2효(구이)는 음양의 조화를 배우는 단계입니다. 인간사회는 남성과 여성의 결합으로 유지되고 있습니다. 효사는 음양의 조화를 인간교육의 중요한 요소로 보고 있습니다.

어리석음을 둘러싸고 있지만 길하고, 신부를 맞아들이면 길하
다. 자식이 집안을 이룬다. 상사에서 이르기를, 아들이 집안을
이룬다 함은 강유가 서로 접하기 때문이다.(**包蒙, 吉, 納婦, 吉.
子克家. 象曰, 子克家, 剛柔接也**)《주역》

포몽(包蒙)은 양효(陽爻)인 구이가 음효(陰爻)인 초육과 육삼에 둘러
싸인 모습을 말합니다. 자연이 음양의 조화를 통해 구현되듯이, 인간
도 자연의 일부분으로 음양의 이치를 벗어날 수 없습니다.

2단계는 성장단계로 보면 어린아이들이 여성과 남성으로 성적으
로 분화되는 시기입니다. 이 시기에는 이성 간의 교제를 통해 건실한
가정을 이루는 것 자체가 최고의 공부가 됩니다. 남녀의 결혼은 육체
적 결합을 통해 음양의 기운을 조화시킬 뿐만 아니라, 음양의 이치를
통해 불완전한 인간을 완전한 인간으로 교육하는 과정이기도 합니다.

인간교육의 3단계는 물용(勿用)의 단계입니다. 3효(육삼)는 색(色)을
조심하는 단계를 설명하고 있습니다. 음양의 결합은 인간을 깨우기
위한 수단입니다. 그것이 과하면 오히려 독이 됩니다. 효사는 그것을
경책하고 있습니다.

여자를 취하지 말라. 사내를 보면, 몸을 지키지 못할 것이므로,
이로울 바가 없다. 상사에서 이르기를, 여자를 취하지 말라 함
은 행동이 불순하기 때문이다.(**勿用取女. 見金夫, 不有躬, 无攸利.
象曰, 勿用取女, 行不順也**)《주역》

원문의 금부(金夫)는 정부(情夫)를 말합니다. 이 말은 음효가 양효를 올라타고 있는 형국을 의미합니다. 육삼의 효사는 가부장적인 해석이기 때문에, 현대적으로 양성평등의 입장에서 다시 해석할 필요가 있습니다. 가정을 이루기 위해 성적인 결합을 하는 것은 자연스러운 일입니다. 그러나 그 정도가 심해지면, 인륜도덕의 순리를 어기게 됩니다.

전도유망한 사람들이 순간의 욕정을 참지 못하고 인생을 망치는 경우가 적지 않습니다. 이 시기에는 육체적 성교육보다는 인문학적 성교육을 통해 보다 원숙한 인간으로 거듭나야 하는 과정이기도 합니다.

인간교육의 4단계는 곤몽(困蒙)의 단계입니다. 4효(육사)의 효사는 인생에서 가장 왕성한 활동을 하는 시기의 교육에 대한 경책을 담고 있습니다.

어리석음으로 곤란을 당하니 좋지 않다. 상사에서 이르기를, 어리석음으로 곤란을 당하니 좋지 않다 함은 홀로 생명의 실상과 멀리 떨어져 있기 때문이다.(困蒙, 吝. 象曰, 困蒙之吝, 獨遠實也)《주역》

세상사는 자신의 의지나 힘만으로 성사되지 않습니다. 세상은 양극적인 대칭 쌍들로 이루어져 있습니다. 자신의 이익만큼이나 상대방의 이익도 중요합니다.

따라서 자신의 뜻을 관철하고자 한다면, 예를 지키고 중도에 따라 행동해야 결실을 맺을 수 있습니다. 극기복례(克己復禮)를 통해 자신을 중화시키고, 중도의 지혜를 기르는 것이 이 단계에서 중요합니다. 인간교육 차원에서 인간을 숙성시키는 기간에 해당합니다.

인간교육의 5단계는 동몽(童蒙)의 단계입니다. 5효(육오)의 효사는 인격의 완성을 이루는 경지를 설명하고 있습니다. 벼가 익으면 고개를 숙이는 법입니다. 효사는 그 이치를 설명하고 있습니다.

> 어린아이와 같은 어리석음이 길하다. 상사에서 이르기를, 어린 아이와 같은 어리석음이 길하다 함은 유순하게 따르기 때문이다.(童蒙, 吉. 象曰, 童蒙之吉, 順以巽也)《주역》

노자가 말한 군자가 지녀야 할 적자(赤子)의 마음과, 공자가 말한 이순(耳順)의 경지가 이 단계에 해당될 것입니다. 어린아이의 마음에는 사랑과 자비가 천진난만하게 발현됩니다.

지혜가 완전하면 지혜와 자비가 하나가 되지만, 온전치 못하면 편견이 됩니다. 때문에 편견을 막는 사랑과 자비가 무엇보다 필요합니다. 그래서 석가나 예수도 어린이의 마음을 진리에 이르는 요건으로 중시했습니다. 지혜와 자비가 중도를 이룰 때만이 진리에 이를 수 있습니다.

인간교육의 마지막 6단계는 격몽(擊蒙)의 단계입니다. 6효(상구)의 효사는 완전한 깨달음에 이르기 위한 경책을 담고 있습니다. 인간교육의 최종목표를 설명하고 있습니다.

> 어리석음을 깨부수다. 도적이 되는 것은 이롭지 못하다. 도적을 방비하는 것이 이롭다. 상사에서 이르기를, 도적을 방비하는 것이 이롭다 함은 상하가 순응하기 때문이다.**(擊蒙, 不利爲寇, 利禦寇. 象曰, 利用禦寇, 上下順也)**《주역》

인간교육의 마지막 단계는 의식혁명을 통해 무명(無明)을 깨부수고 광명(光明)을 회복하는 것입니다. 그러나 그 과정이 그리 간단하지 않습니다. 깨달음의 단계마다 수많은 도적이 도사리고 있기 때문입니다.

깨달음에는 정도가 있습니다. 이 부분에서 가장 구체적인 길을 제시한 분은 석가입니다. 완전한 깨달음을 얻기 위해서는 색수상행식(色受相行識)의 모든 단계를 완전히 정화시켜야 합니다.

수행의 단계를 설명한 《능엄경》을 보면, 색수상행식의 경계를 통과할 때마다 마경(魔境)이 나타난다고 합니다. 경계를 지나갈 때 마다 나타나는 신비스러운 현상은 모두 허상(虛想)을 실상(實相)으로 잘못 보는 전도몽상(顚倒夢想)의 결과입니다. 도적과 같은 마경을 방비하지 못하면, 완전한 깨달음에 이를 수 없습니다.

일부 수행자나 성직자 중에서 중간 단계의 깨달음과 신통을 완전한 깨달음으로 착각하고, 사람들을 현혹하는 경우가 적지 않습니다. 예수도 이것을 경계해서 말씀했습니다.

소경이 소경을 인도하면 둘 다 구렁에 빠진다.(마태복음15:14)

인간이 이 세상에 온 목적은 완전한 깨달음을 얻기 위함입니다. 단순히 돈과 명예나 지위를 얻기 위해 온 것은 아닙니다. 깨달음의 긴 여정에서 문화는 고단한 우리의 삶을 위로하고 풍족하게 해줄 수 있습니다.

문화로 조화를 구현하라

고대에 성인이 문화를 장려한 이유는 문화가 사람들을 교화시키는 가장 좋은 방법이기 때문입니다. 공자가 《시경》을 편찬한 이유이기도 합니다. 산화비(山火賁) 괘는 문화의 기능과 역할을 잘 보여줍니다.

'비(賁)'는 문채의 장식을 의미합니다. 하늘을 장식하는 것은 별자리, 즉 천문(天文)입니다. 그리고 인간을 꾸미는 것은 문화, 즉 인문(人文)입니다. 산화비의 의미를 단사의 해석에서 바로 보는 것이 좋겠습니다.

단사에서 이르기를, 비는 형통하다, 부드러운 음이 와서 굳센 양을 꾸미고 있으므로, 형통하다. 굳센 양을 나누어 올라가 부드러운 음을 꾸미고 있다. 갈 바가 있으면 조금은 이로우니, 하늘의 문채다. 문채가 밝고 머무는 것은 사람의 문채다. 하늘의 문채를 관찰하고 시간의 변화를 살피고, 사람의 문채를 관찰하여, 천하를 교화시키고 이룬다.**(彖曰, 賁, 亨, 柔來而文剛, 故亨, 分剛上而文柔, 故小利有攸往. 天文也. 文明以止, 人文也. 觀乎天文, 以察時變, 觀乎人文, 以化成天下)**《주역》

"굳센 양을 나누어 올라가 부드러운 음을 꾸미고 있다."는 말은 수화기제(水火旣濟) 괘와 산택손(山澤損) 괘의 변화를 통해 산화비 괘가 나왔다는 것을 설명합니다. 이 부분에 대한 자세한 논의는 《주역 인생 전략》을 참고하기 바랍니다.

여기서 중요한 것은 하늘에서 천문이 질서를 이루고 빛나듯이, 인간 세상에는 인문, 즉 문화가 세상을 밝혀야 한다는 사실입니다. 개인뿐만 아니라 국가의 척도는 문화에 있습니다. 문화가 없는 민족은 역사에서 사라질 수밖에 없습니다. 문화 속에는 그 나라의 고유한 정신이 있기 때문입니다.

우리 민족이 수많은 고난 속에서도 아직까지 살아남은 저력은 문화에 있습니다. 한류가 세계적으로 유행하는 것은 우리 민족의 DNA 속에 잠재해 있던 문화의 잠재력이 때를 만나 발현되었기 때문입니다. 이제 한민족이 세상의 문화를 주도할 때가 되었습니다. 산화비의 핵심은 6효(상구)에 있습니다.

흰빛으로 꾸민다. 허물이 없다. 상사에서 이르기를, 흰빛으로 꾸미니 허물이 없다 함은 위에서 뜻을 이룬다는 뜻이다.**(白賁, 无咎. 象曰, 白賁无咎, 上得志也)**《주역》

흰빛은 진리의 광명을 뜻합니다. 또한 이 말은 인위적인 꾸밈이 없는 대자연의 본래 모습을 의미하기도 합니다. 한편 흰빛은 백의민족의 상징이기도 합니다. "흰빛으로 꾸민다."는 말은 마치 문명의 전환기에 우리 백의민족의 문화로 세상을 장식하는 것처럼 들립니다.

우리 민족이 해야 할 일은 어지러운 세상에 밝은 진리를 회복하여 홍익인간(弘益人間) 재세이화(在世理化)를 실천하는 일입니다. 우리에게 고유한 홍도익중(弘道益衆)의 전통문화가 세상을 밝게 장식하는 날을 기대해 봅니다. 홍익이념이 구현되는 세상은 각 분야의 지도자가 모든 경계를 관통하는 지혜를 갖추는 데서 시작될 수 있습니다.

08

개우석(介于石),
경계를 관통하는 역(易)의 지혜

08

개우석(介于石),
경계를 관통하는 역(易)의 지혜

세상은 하나이지만, 사람마다 살아가는 세상은 제각각입니다. 개인이 다양성과 집단의 통일성이 다중으로 겹쳐진 세상에서 우리는 살고 있습니다. 심지어 개인 속에서도 통일성과 다양성의 다중세계가 존재합니다. 뫼비우스 띠처럼 안팎에 연결된 다중세계가 새로운 문명세계로 진입하고 있습니다. 2045년 특이점 시대가 지나면, 세상은 이전 세계와는 완전히 다른 모습일까요?

겉으로 보이는 문명세계는 다를지 몰라도, 물질의 근본을 이루고 있는 정신세계는 변함이 없습니다. 아무리 이성이 발달해도 인간의 기본 심사와 우주의 변화원리는 변하지 않습니다. 희로애락, 성주괴공의 이치는 그대로 있습니다.

태극기에 담긴 변화의 원리

우리나라 국기(國旗)는 전 세계 국기 중에서 가장 심오한 철학을 담고 있습니다. 주역의 괘와 음양의 이치를 국기 속에 함축적으로 담아냈으니까요. 태극기는 인간의 질서를 구현하고자 한 노력의 결과라고 생각됩니다. 왜 그런지 태극기를 보면서 검토해보겠습니다.

태극기를 보면 왼쪽 상단은 하늘을 뜻하는 건괘(乾卦)가 있고, 대칭하는 오른쪽 하단에는 땅을 의미하는 곤괘(坤卦)가 있습니다. 그리고 오른쪽 상단은 물을 상징하는 감괘(坎卦)가 있고, 왼쪽 하단은 불을 대표하는 이괘(離卦)가 있습니다.

상괘가 건괘이고 하괘가 곤괘로 이루어지는 괘는 천지비(天地否)입니다. 하늘이 위에 있고, 땅이 밑에 있는 것은 어찌 보면 당연한 일인데, 역의 입장에서는 천지의 교류가 없는 상태입니다. 음양의 교류가 없기 때문이 만사가 막힌 형국입니다.

상괘가 감괘이고 하괘가 이괘로 이루어지는 괘는 수화기제(水火旣濟)입니다. 물은 위로 올라가고 불은 밑으로 내려오는 수승화강(水昇火降)은 생명의 순환작용이 가장 이상적으로 이루어진 상태입니다.

한편 좌측의 상단과 하단으로 이루어지는 괘는 천화동인(天火同人)입니다. 막힌 세상을 소통시키는 데는 밝은 지혜가 제일 중요합니다.

일반 대중에게 밝은 도리를 시대에 맞게 널리 알리는 노력이 필요합니다.

우측의 상단과 하단으로 이루어지는 괘는 수지비(水地比)입니다. 세상을 조화롭게 유지하기 위해서는 질서가 필요합니다. 그 질서는 협력자의 도움 없이는 불가능합니다.

건곤감리(乾坤坎離)로 이루어진 태극기를 전체적으로 해석하면, 비록 천지의 상황은 막혀 있지만, 막힌 것을 뚫어 소통시키는 것이 인간의 책무라는 뜻이라고 할 수 있습니다. 그리고 그 책무를 완수하기 위해서는 협력자와 밝은 도리로 대동단결해야 한다는 의미가 담겨있습니다. 무엇보다 그 책무를 우리나라가 맡고 있다는 의미가 막중합니다.

태극기를 만든 분이 이런 뜻으로 한 것인지는 알 수 없지만, 세상은 해석하기에 따라 우리의 미래가 달라집니다. 가능하면 좋은 뜻으로 해석하고, 그렇게 될 수 있도록 노력하는 것이 우리의 바른 자세라고 생각합니다.

태극기에 주역의 괘가 등장하는 것은 역(易)이 본래 고대 우리 민족이 사용하던 철학체계라는 것을 말해줍니다. 역은 8천여 년 전 복희씨(伏羲氏)가 만든 팔괘에서 유래된다고 합니다. 고대사에 대한 논쟁이 많지만, 복희씨가 우리 민족의 고대 선조라는 사실이 여러 연구에서 밝혀지고 있습니다. 우리 민족은 고대로부터 천문의 변화를 기호화해서 사용할 정도로, 원리적으로 사고하는 재능이 의식 속에 깊이 잠재되어 있습니다.

법치(法治)의 한계

우리 정치인들 중에서 상당수가 법조계 출신입니다. '법(法)'이란 한자어는 물이 흐르듯 자연의 법도에 따른다는 의미를 담고 있습니다. 그러나 실제 법이 그런가요? 그렇지 않습니다. 때문에 인간이 만든 법으로 세상을 다스리는 데는 한계가 있습니다.

법을 많이 만들면 사회가 안정될 것 같지만, 현실은 정반대로 흘러갑니다. 무엇보다 법이 많으면, 생활이 불편해 집니다. 사람들을 불편하게 하는 법과 제도는 실패할 수밖에 없습니다.

오히려 법을 이용해 사리사욕을 채울 수 있는 구조를 더 강화시킬 뿐입니다. 돈이 있는 사람만이 실력 있는 변호인을 이용해 촘촘한 법망을 피해갈 수 있습니다. 법을 이용한 교묘한 범죄가 늘어나고 있는 것은 그 때문입니다. 합법적인 범죄가 가장 무서운 것입니다.

법의 모순된 구조 때문에, 서민을 보호하기 위해 제정된 법이 오히려 선량한 서민에게 피해를 줄 수 있는 상황이 생기게 됩니다. 그래서 무전유죄(無錢有罪) 유전무죄(有錢無罪)라는 유명한 말이 나왔습니다. 이 말이 크게 틀리지 않는 것이 현실입니다.

주역을 지도자가 공부해야 하는 이유는 많습니다. 특히 모순된 현실과 이상의 역학(力學)관계를 역(易)만큼 분명하게 통찰하는 것도 없기 때문입니다. 그래서 고대로부터 정치나 큰 사업을 하려면, 역을 이해해야 한다고 했습니다.

요즘은 역술가나 일부 전문 학자만이 역을 연구하고 활용하고 있습니다. 주역을 단순히 점괘를 보기 위한 수단으로 한정하는 것은 역의 근본 이치를 잘못 이해한 것입니다.

역은 우주변화의 원리와 이치를 인류문명사로 풀어낸 것입니다. 특히 지금과 같은 문명전환기에 우리가 참고해야 할 변화의 지혜가 역에 담겨 있습니다. 따라서 지도자가 되고자 하는 사람은 최소한 역의 이치와 도리 정도는 알아야, 문명전환의 격변기에 바른 길을 모색할 수 있습니다.

변화의 기본 원리

앞서 우리는 다중세계에서 살고 있다고 했습니다. 개인이 하나의 세계라고 한다면, 우리는 수십억 개의 다중세계의 경계 속에 산다고 할 수 있습니다. 물질이 아닌 의식의 경계까지 포함한다면, 무한대의 경계가 우리 앞에 펼쳐지게 됩니다.

만약 우리가 각자 자신의 경계에 갇혀 있다면, 사회는 완전히 마비될 것입니다. 양극적 모순에 싸인 현실에서 막힌 것을 뚫고 소통하는 힘을 우리는 역(易)을 통해서 기를 수 있습니다. 역이 우리에게 주는 가장 큰 의미는 경계를 관통하는 지혜를 주는 점입니다.

주역은 건(乾: ☰), 곤(坤: ☷), 감(坎: ☵), 이(離: ☲), 태(兌: ☱), 간(艮: ☶), 손(巽: ☴), 그리고 진(震: ☳)의 8개의 기본 괘의 조합으로 64괘를 구성되어 있습니다. 한 괘마다 6개의 변화가 있으므로, 총 384개의 변효(變爻)가 있습니다.

공자가 정리한 주역은 건(乾)과 곤(坤)으로 시작해서 기제(旣濟)와 미제(未濟)로 끝납니다. 이것은 세상이 성주괴공을 끝없이 반복하고 있음을 의미합니다. 세상은 끝없이 변화하지만, 변화 속에서도 일정한 변화의 원리가 내포되어 있습니다. 공자는 그것을 체계화해서 우리에게 보여주고 있습니다.

경계를 관통하는 지혜

역술가마다 현 시국에 대해 자기 식대로 특정 지어서 미래를 예단하고 있지만, 사실 세상사는 64개의 상황과 384개의 변화요소가 함께 섞여 있습니다. 택수곤의 상황에 있는 사람이 있다면, 중천건의 상황에 있는 사람도 있습니다.

따라서 개별 상황과 전체 흐름을 관통하는 지혜를 지닌 사람만이 대업을 성취할 수 있습니다. 역을 배우는 목적을 가장 분명하게 알 수 있는 내용은 뇌지예(雷地豫) 괘의 2효(육이)의 효사(爻辭)에서 찾을 수 있습니다.

> 돌처럼 굳게 지킨다. 하루가 걸리지 않는다. 올곧으면 길하다.
> 상사에서 이르기를, 하루가 걸리지 않으니 올곧으면 길하다
> 함은 중정하기 때문이다.**(介于石, 不終日, 貞吉. 象曰, 不終日貞吉,**
> **以中正也)**《주역》

원문의 '개(介)'는 여기서 복합적인 의미를 담고 있습니다. 그것은 경계, 한계, 견고한 절개, 중도의 도리에 밝음 등을 의미합니다. '개우석(介于石)'이란 말을 풀이하면, 변화의 경계에서 자신의 중심을 확고히 잡고 중도의 도리로 변화의 기미를 지혜롭게 파악하라는 뜻이 들어있음을 알 수 있습니다. 공자도 《계사전》에서 이 대목에 대한 해설로 기미를 말씀했습니다.

> 기미라는 것은 움직이려는 찰나의 미미한 조짐이다. 길함을 미리 볼 수 있는 것이다. 군자는 기미를 보고 일을 착수하고, 하루 종일 기다리지 않는다.**(幾者, 動之微, 吉之先見者也. 君子見幾而作, 不俟終日)**《계사전》

변화가 일어나기 전에는 미미한 조짐이 있습니다. 그 조짐을 기(幾), 즉 기미라고 하는 것입니다. 세상의 변화는 일정한 반복을 보이고 있습니다. 물론 그사이 불확실한 일들이 벌어집니다. 그러나 불확정성도 먼 시야에서 보면 일정한 법칙으로 수렴합니다. 현자(賢者)는 변화를 늘 파악하고 있기 때문에, 변화의 기미가 있을 때 즉각적으로 반응할 수 있습니다.

공자가 모든 경계를 관통할 수 있었던 비결은 일이관지(一以貫之)의 정신이었습니다. 하나로써 모든 것을 꿰뚫는 지혜를 공자는 주역에서 배울 수 있었습니다.

고대인들은 수많은 세월 동안 천문을 관찰하고 그 기록을 전해왔습니다. 천문의 변화가 세상에 미치는 함수관계를 파악하고, 그것을 체계화한 것이 역(易)입니다. 따라서 역을 통해 변화의 기미를 알 수 있었습니다. 주역은 바로 그 기미를 파악할 수 있는 안내서이자 인간 교육서입니다.

변화의 흐름을 통찰하는 힘은 갑자기 생기는 것이 아닙니다. 오랫동안 자기성찰과 더불어 우주의 변화원리를 공부한 사람만이 갖출 수 있습니다. 적어도 지도자가 되고자 한다면, 스스로 변화의 기미를 파악하는 능력을 갖추거나, 아니면 그런 능력을 가진 사람을 옆에 둘 수 있는 덕(德)과 의지를 지녀야 합니다.

통찰력을 갖춘 지도자는 하루아침에 나오는 것이 아닙니다. 국가와 사회가 긴 안목에서 이런 인재를 양성해야 합니다. 마쓰시타 고노스케가 설립한 정경숙(政經塾)에서 차세대 지도자를 양성했듯이, 우리도 차세대 지도자를 긴 안목에서 키워야 합니다. 그리고 지도자는 경제, 과학 같은 전문지식뿐만 아니라 세상의 변화 이치를 깨우쳐야, 국가와 사회를 온전하게 운영할 수 있습니다.

지도자의 덕목 중에서 격변기에 겸비해야 할 중요한 덕목은 빠른 판단과 결단입니다. 이 덕목을 갖추기 위해서는 세상의 흐름을 잘 파악하고 분석하는 지혜와 통찰력을 평소에 길러야 가능합니다. 위기 시에는 오래 생각할 시간적 여유가 없기 때문에, 빠른 판단과 결단이 매우 중요합니다. 지금과 같은 문명전환기에는 특히 중요한 덕목입니다. 이 덕목을 기를 수 있는 가장 좋은 책이 주역입니다.

한편 우리는 문명 대전환의 시기에 어디로 가야 할지 모른다는 점에서, 2차 세계대전 이후의 '길 잃은 세대(Lost Generation)'와 크게 다르지 않습니다. 문명의 경계에서 갈 방향을 정할 좌표가 없기 때문입니다.

독일의 전후작가 볼프강 보르헤르트(Wolfgang Borchert)가 2차 대전 직후 발표한 《문밖에서》란 드라마가 있습니다. 주인공 베크만 하사는 참전 후 한쪽 다리를 잃고 고향에 돌아오지만, 주위로부터 철저히 버림받습니다. 전쟁으로 폐허가 된 마을에서 문(門)의 안과 밖이 무너져, 어디가 집안이고 어디가 밖인지 분간이 안 되는 상황은 주인공의 실존상황과 너무 닮았습니다.

언제나 '문밖에서' 머물 수밖에 없는 베크만의 상황은 현대인의 보편적 심리상황과 비슷합니다. 우리도 변화의 경계를 제대로 파악하지 못한다면, 언제나 문밖에 있는 존재일 수밖에 없습니다.

하늘의 선택은 사람이 아닌 변화

민심(民心)이 천심(天心)이라는 말을 정치인들은 자주 인용합니다. 그리고 통계와 여론을 동원해 자신의 주장을 합리화 하고, 자신의 주장이 민심이라고 호도합니다. 그러나 실제로는 그렇지 않은 경우가 많습니다.

알다시피, 통계와 여론은 얼마든지 새롭게 만들 수 있습니다. 설문지 문항의 내용과 순서만 조금 바꿔도, 결과는 판이하게 달라집니다. 때문에 만약 설문자의 의도가 편향적이라면, 그 결과는 공정한 여론이라고 할 수 없습니다.

그러나 디지털혁명이 완성되면 블록체인 기술 때문에, 여론을 조작해서 자신의 뜻대로 여론을 호도할 수 없게 됩니다. 정보가 모든 사람에게 공유되기 때문입니다. 물론 그때도 여론을 호도하는 또 다른 기술이 개발될지도 모르겠습니다. 창과 방패의 싸움은 인간세상이 존재하는 한 영원할 것이기 때문입니다. 그럼에도 최소한 미래에는 실시간으로 국민의 여론이 정치에 반영되는 일이 가능해질 수 있습니다.

여기서 한 가지 숙고할 일이 있습니다. 여론이 다 맞는 것은 아니라는 사실입니다. 그러므로 여론을 대표하는 사람이 다 옳은 것도 아닙니다.

민심이 천심이 되려면, 천지인(天地人) 삼재(三才)가 일치해야 합니다. 시간과 공간 그리고 사람의 변화흐름과 여론이 맞아야 진정한 여론이라고 할 수 있습니다. 예를 들면, 세상은 새로운 문명사회로 진입하고 각종 사회제도와 경제시스템을 바꾸고 있는데, 우리만 반대로 한다면, 이것은 하늘의 뜻이라고 할 수 없습니다.

나라가 망할 때는 대부분 정치지도자들이 현실과 미래를 보지 못하고, 자신의 이익과 안위만 추구했습니다. 먼 예를 찾을 것도 없이 우리는 일제강점기 역사에서 그 참혹한 결과를 처절하게 경험했습니다.

현재 우리는 문명사적 전환기에 있기 때문에, 새로운 정치지도자는 남다른 의미가 있습니다. 매번 선거마다 역술, 점, 주역 등을 통해 새로운 지도자를 가리고, 그에게 특별한 의미를 부여하는 일들이 벌어지는데, 이번에도 예외는 아닙니다. 그런데 정치에 관심이 있는 사람들이 한 가지 착각하는 것이 있습니다.

그것은 하늘의 법도는 사람을 선택하는 것이 아니라, 변화의 방향을 선택한다는 사실입니다. 대자연은 어느 한 사람을 위해 존재하는 것이 아닙니다. 에머슨도 이 사실을 〈운명〉에서 강조했습니다.

> 자연은 감상주의자가 아니다. 자연은 우리에게 응석 부리거나 마음대로 하게 내버려 두지 않는다.〈운명〉

만약 변화의 방향에 맞는 사람이 선거에 당선되고, 도리에 맞는 정치를 한다면, 그 지도자는 무난하게 여생을 마감할 수 있습니다. 그러나 변화의 대세를 역행하는 사람이 된다면, 그 정치인은 끝이 좋지 않습니다. 그리고 변화에 역행한 만큼 정치적 반작용도 클 수밖에 없습니다.

에머슨도 지적했듯이, 자연의 섭리가 작용하는 방식은 다소 거칩니다. 노자도 천지가 모든 존재를 거칠게 취급한다고 말씀했습니다.

> 천지의 섭리는 거칠어 만물을 짚으로 만든 강아지처럼 다룬다.(天地不仁, 以萬物而爲芻狗)《도덕경》

어리석은 인간은 추구(芻狗)와 같습니다. 추구는 짚으로 만든 강아지처럼 하찮은 존재라는 의미입니다. 자연의 질서에 어긋나는 사람은 선인과 악인을 불문하고 추구처럼 취급당하게 됩니다.

무엇보다 중요한 것은 앞으로 디지털혁명시대에는 정보권력이 한 명의 지도자에게 집중되지 않는다는 사실입니다. 정보가 국민 모두에게 분산된다는 사실은 매우 중요한 의미를 갖게 됩니다.

이때는 국민의 의식수준이 국가 정치의 수준을 좌우하게 됩니다. 앞으로 정치 지도자를 우상시하고 맹목적으로 따르는 시대는 끝이 날 것입니다. 오히려 국민이 깨어나서, 지도자가 잘할 수 있도록 당근과 채찍으로 균형을 잡아주는 시대가 열리게 됩니다.

킹메이커의 도리

우리 사회를 돌아보면, 소위 킹메이커라고 하는 사람들이 있습니다. 그들은 거의 대부분 솔직히 말하면 선거업자라고 하는 것이 맞는 말입니다. 선거판에 끼어들어 한몫 크게 챙기겠다는 기본 심사가 있기 때문입니다.

만약 누군가가 선거로 돈이나 권력을 쥐게 된다면, 그 피해는 고스란히 국민들에게 돌아가게 돼 있습니다. 물론 해당 정치인도 예외는 아닙니다. 일시적으로 좋을지는 몰라도, 자신이 지은 죄가 자신의 발목을 잡고 끊임없이 자신의 목줄을 죄어오게 되어 있습니다. 뿌린

대로 거두기 마련이기 때문입니다,

선거꾼들이 많이 낀 정치지도자일수록 앞날은 밝지 않습니다. 또한 그들이 많을수록 사회의 앞날도 밝지 않습니다. "공이 다하면 물러나는 것이 하늘의 도다."라고 노자가 분명히 말씀했습니다. 킹메이커는 역할을 다하면, 아무런 사심 없이 물러나는 것이 마땅한 도리입니다.

만약 사적으로 무언가를 바라고 끝까지 물러나지 않는다면, 그것은 하늘의 도를 거역한 것입니다. 일시적인 영달은 얻을지 모르지만, 천벌을 받을 것이 분명합니다. 사회에 끼친 해악은 결국 그 자신과 자손에게 다시 돌아가게 돼 있기 때문입니다.

도인 지도자 사회

천문의 변화를 인간 세상에 적용한 역(易)을 정치에 활용한 것은 고대 동양의 정치였습니다. 고대 동양에서 꿈꾸던 왕도정치는 하늘의 질서를 땅의 질서로 구현하고자 한 진실한 노력의 결과였습니다. 공자가 요순(堯舜)을 높이 추앙한 것은 그 때문입니다.

봉건주의 시스템이 전부 다 나쁜 것은 아닙니다. 아마도 가장 이상적인 정치체제는 군주제일지도 모릅니다. 그러나 그것은 군주가 도덕을 완비한 군자(君子)일 때 가능합니다. 서양의 군주론이나 동양의 왕도정치는 정도의 차이는 있지만, 군주를 이상적인 존재로 전제하고 있습니다. 하지만 역사상 군자라 할 만한 군주는 매우 희박합니다.

아마도 우리의 고조선 시대에 존재했다는 군자정치가 그 최상의 전형일 것입니다. 군자정치는 다른 말로 하면 도인정치(道人政治)입니다. 단군시대의 단군은 특정한 사람을 지칭하는 것이 아니라, 통치의 법통을 계승한 사람을 통칭하는 말입니다. 통치권자의 권리보다는 도리에 맞게 세상을 보살피는 의미가 훨씬 강했습니다. 단군은 정치의 도인이었습니다.

도인정치가 가능하기 위해서는 사람들이 도인의 도리를 이해해야 합니다. 그러나 말이 도인이지 도를 증득한 도인이 요즘 세상에 어디에 있습니까? 도인이 있다 해도, 구린내 진동하는 현실 정치에 발을 들여놓고 싶지 않을 것입니다.

현 정치인들 중에서 도인정치를 할 만한 사람이 있을까요? 그럴 만한 사람이 없다고 확언할 수 있습니다. 현재는 도인 정치인을 기대하기 힘든 상황이라 해도, 우리는 도인정치가 추구하는 이상은 생각해볼 필요가 있습니다.

경계를 넘는 바람처럼

정치인들의 가장 큰 문제 중의 하나는 사회를 이리저리 경계를 나누고, 서로 간에 소통하지 못하게 하는 데 있습니다. 그것이 사람들을 관리하기 쉽고, 선거 전략에 유효하다고 판단하기 때문입니다. 그러나 경계를 공고히 할수록 사회의 소통은 막히고, 극에 이르면 사회 붕괴를 초래하게 됩니다.

이런 어리석은 결과를 막기 위해서는 융합사회의 지도자는 경계를 넘는 바람의 이치를 배워야 합니다. 일체의 경계를 넘어 가는 지혜는 중풍손(重風巽) 괘에서 볼 수 있습니다. 중풍손은 바람을 뜻하는 손(巽) 괘가 위아래로 있는 모습입니다.

손의 괘상(卦象)을 보면, 아래는 온유하게 무엇이든 받아들이는 모습이고, 위는 강건한 뜻과 의지가 있는 모습입니다. 단사에 중풍손의 대의가 설명되어 있습니다.

단사에서 이르기를, 중첩된 손으로 명을 거듭 알린다. 굳센 양이 손에 있고 중정하므로 뜻을 행하는 것이다. 부드러운 음이 모두 굳센 양에 따른다. 이 때문에 조금 형통하고, 갈 곳이 있으면 이로우며, 대인을 보면 이롭다 하는 것이다.(**象曰, 重巽以申命. 剛巽乎中正而志行, 柔皆順乎剛, 是以小亨, 利有攸往, 利見大人**)《주역》

중풍손은 바람의 속성처럼 어디든 걸림이 없지만, 의지는 굳건하게 중심을 잡고 있는 형국입니다. 중풍손의 핵심은 상사(象辭)에 나타나 있습니다.

상사에서 이르기를, 바람을 따름이 손이다. 군자는 이로써
명을 거듭 알려 정사를 행한다.(象曰, 隨風, 巽, 君子以申命行
事)《주역》

변화의 바람은 매번 그 의미가 다릅니다. 지도자는 늘 깨어있어야
변화의 의미를 파악하고, 그때그때 시기적절한 대책을 내릴 수 있습니
다. "명을 거듭 알려 정사를 행한다."는 말은 그런 의미입니다. 따라서
지도자는 어리석은 일관성에 빠지지 말고 융통성을 견지해야 합니다.

공자는 변화의 기미를 파악한 성인(聖人)입니다. 공자는 사람들이
묻는 말에 막힘이 없이 답을 해주었습니다. 어떻게 공자는 세상사에
대해 그리도 정통했을까요? 공자는 자공(子貢)에게 그 비결을 말씀했
습니다.

공자께서 말씀하셨다. "사야, 너는 내가 많이 배워서 그것들을
다 알고 있는 사람이라고 생각하느냐?" 자공이 대답했다. "그
렇습니다. 안 그런가요?" 공자께서 말씀하셨다. "그렇지 않다.
나는 하나로써 모든 것을 꿰뚫고 있을 뿐이다."(子曰: 賜也, 女
以予爲多學而識之者與? 對曰: 然, 非與? 曰: 非也. 予一以貫之)《논어》

진리는 하나이지만, 현상은 무궁합니다. 비록 현상이 무수히 다양
하지만, 모든 현상을 관통하는 이치가 있습니다. 공자는 그 이치를 파
악하고 있었기 때문에, 현상의 경계를 넘어 모든 문제의 핵심을 알 수

있었던 것입니다.

중풍손의 또 다른 핵심은 5효(구오)의 효사에 있습니다. 구오는 중풍손의 군주에 해당하는 위치입니다.

> 올곧으면 길하다. 후회는 사라진다. 불리함이 없다. 시작은 없어도 끝은 있다. 경일 삼 일 전과 경일 삼 일 뒤에 하면 길하다. 상사에서 이르기를, 구오의 길함은 위치가 바르고 중도를 얻었기 때문이다.(**貞吉, 悔亡, 无不利, 无初有終, 先庚三日, 後庚三日, 吉. 象曰, 九五之吉, 位正中也**)《주역》

구오의 핵심은 중정(中正)과 시기(時期)를 파악하는 지혜입니다. "경일 삼 일 전과 경일 삼 일 뒤에 하면 길하다."는 효사는 때를 파악해야 한다는 경책입니다. 원문의 경(庚)은 경일(庚日)을 말합니다. 경일은 특별한 날을 지칭하는 것이 아니라 변화가 있는 날이라는 뜻입니다. 변화의 기미를 파악하고 제때에 일하고, 뒷마무리를 확실하게 하라는 의미를 담고 있습니다. 천지인(天地人)의 변화를 중정의 도리로 대처하면, 문제 될 것이 없다는 얘기입니다.

우리가 성인을 숭배하는 이유는 성인이 천지인(天地人)의 변화와 중정의 도리를 체득하고 실천했기 때문입니다. 미래시대는 공자, 노자, 석가, 예수를 숭배만 하는 세상이 아닙니다. 성인처럼 완전한 인간이 되기 위해 배우고 익혀야 살아남을 수 있는 세상이 되고 있습니다.

성인이 공통적으로 갖고 있던 정신은 중도(中道)입니다. 중도의 정신은 모순과 갈등으로 꽉 막힌 우리 사회를 회통(會通)시키고, 사회의 불균형을 균형 있게 조율할 수 있는 유일한 원리이자 구체적인 방법이기도 합니다.

09

균형조율,
회통(會通)의 세계로

09

균형조율,
회통(會通)의 세계로

    우리 사회의 문제점을 해결하고자 하는 다양한 해법들이 있습니다. 사회시스템은 유기적인 관계를 이루고 있기 때문에, 어떤 문제를 해결하는 방법이 때로는 전체를 해결하는 길이기도 합니다.

    그러나 그렇기 때문에 반대로 어떤 해법을 지나치게 강조하다 보면, 오히려 전체의 균형을 깨기도 합니다. 이 점에서 조율과 회통이라는 측면에서 사회문제를 바라볼 필요가 있습니다.

조율과 회통의 정신

    성인(聖人)이 공통적으로 지닌 중도(中道)는 쉽게 말하면 균형조율의 정신입니다. 회통의 핵심도 균형조율입니다. 세기의 이벤트였던 인공지능 알파고와 프로기사 이세돌의 대결에서 인공지능이 이긴 비결은 묘하게도 균형조율에 있었습니다.

    프로기사는 비교적 작은 부분에서 묘수를 생각하는 데 반해, 알파고는 전체 대세의 균형점을 찾아갔습니다. 그 과정에서 알파고는 우리가 상상하기 힘든 수(手)를 두었습니다. 그러나 나중에 결과를 보면, 그 수가 쉽게 판을 정리한 대세의 균형점이었습니다.

안타깝게도 세상은 균형을 이루고 있지 않습니다. 인간사회의 불균형을 해소하기 위한 많은 노력들이 있었지만, 어떤 사상이나 철학도 영원한 균형 상태를 이루지는 못했습니다. 왜 그럴까요?

균형은 일시적인 현상에 불과하기 때문입니다. 우리는 끊임없이 균형을 조율해야 하는 상황에 놓여 있습니다. 그런데 묘하게도 불균형이 사회를 발전시키는 원동력으로 작용하고 있습니다.

불균형한 상태에서도 그나마 세상이 유지되는 것은 성인(聖人)들의 균형조율 정신이 도덕이라는 높은 문화를 만들어냈기 때문입니다. 만약 균형조율의 정신이 무너진다면, 인공지능으로 만든 문명의 이기(利器)는 인간사회를 지옥으로 만드는 첨단 무기가 될 수도 있습니다.

인류의 정신적 스승들은 비록 표현은 다르지만 공통적으로 중도, 중용, 황금률이라고 할 수 있는 도덕을 주장했습니다. 중도는 쉽게 얘기하면 다양한 가치와 관념을 융합하여 균형조율을 이루는 방식입니다. 사회가 급변할 때, 균형조율의 정신으로 중심을 잡아야 사회질서가 무너지지 않을 수 있습니다.

다양성의 조율

우리나라 사람들은 세계 어느 나라 사람들보다 머리가 좋습니다. 너무 똑똑하다 보니 남에게 지기를 싫어합니다. 지나친 자존심으로 남을 인정하는 습성이 부족합니다. 아마도 각자 뜻이 강하고, 그 뜻을 위해서는 목숨도 내거는 성향이 강하기 때문인 것 같습니다. 서로 뜻과 이익이 맞는 사람들끼리 이합집산을 이루며 사회 계층을 이루고 있습니다.

흔히 우리나라 사람들의 습성을 비하해서 모래근성이 있다고 말합니다. 자존심이 강해서, 잘 섞이지 않는다는 뜻이죠. 사실 이것은 일제 식민지 정책의 잔재이지만, 우리는 이것을 충분히 극복할 수 있습니다. 모래를 시멘트, 혼화재 등을 촉매제로 이용하여 잘 혼합하면 매우 단단한 콘크리트가 되듯이, 우리 사회에 무엇보다 필요한 것이 바로 촉매제로서의 융합정신입니다. 다양한 가치와 요구 등을 조율하고 하나로 융합할 수 있는 지도자가 나와야겠습니다.

다행히 우리는 위기에 강합니다. 위기에 몰리면, 모든 사람이 하나가 됩니다. 과거 수많은 국난을 극복한 점도 이러한 강한 응집력에 있습니다. 한국인의 이런 특성을 국제 스포츠 경기에서 잘 볼 수 있습니다. 예를 들어, 2002년 월드컵 경기에서 우리는 모든 이념과 정치의 경계를 넘어 하나가 되었습니다.

지금 우리 사회는 극도로 혼란합니다. 우리만의 문제가 아니라 전 세계가 극도로 혼란하고 위험합니다. 그러나 위기 시마다 우리 민족을 구한 잠재된 응집력을 발휘한다면, 사회의 위기가 오히려 우리를 하나로 융합시키는 계기가 될 수 있습니다. 세상은 변할 수밖에 없는 한계상황에 이르러야 변하기 마련입니다. 지금이 그때입니다.

미국은 남북이 극한 대립 속에서 남북전쟁을 겪었습니다. 전쟁의 상처를 극복하고 통일된 연방 국가를 구성할 수 있었던 정신적 요인은 다양성 속에서 통일성을 끌어낸 융합정신에 있습니다. 그 정신이 바로 에머슨의 정신입니다.

우리도 분열된 사회 여론을 조율해서 하나로 이어줄 새로운 통합 정신과 그 정신을 실천할 지도자가 필요합니다. 이제 시대가 변했습니다. 새로운 지도자의 출현을 기다리는 것이 아니라, 시대에 맞는 지도자를 집단지성으로 만드는 시대에 이르렀습니다.

근본적으로 인간의 의식은 차원이 다른 관념으로 구성되어 있습니다. 때문에 다른 문화와 가치관을 가진 사람과는 소통이 어렵습니다. 또한 같은 문화권에서도 개인의 관념은 인식의 한계를 가지고 있습니다.

그러므로 의식의 경계를 넘어 소통하지 않는 한, 민족 간, 종교 간, 문화 간 갈등이 존재할 수밖에 없습니다. 따라서 개인, 집단, 사회, 문화 등의 충돌을 어떻게 조율하느냐가 중요한 문제로 부상하게 됩니다.

다양한 가치, 종교, 문화 등을 잘 조율하고, 서로 다름을 인정하고 공동의 선(善)을 위해 합심하는 정신과 자세가 필요합니다. 이것은 회통의 정신이 없이는 불가능합니다. 그리고 그 정신은 특정한 어느 하나를 선택하게 만드는 주장이 아니라, 전체를 하나로 아우르면서도 다양성을 인정하는 조율의 정신이 있어야 가능합니다.

변화의 흐름에 맞춰 다문화 시대에 대한 대비를 좀 더 적극적으로 해야 할 시점입니다. 농촌이나 3D 업종에서는 외국인 노동자 없이는 일하기 힘든 실정입니다. 그뿐만 아니라 대학 연구기관에서도 외국인 학생이 없으면, 연구를 진행하기 힘든 분야가 있을 정도입니다. 무엇보다 수출에 의존하는 경제 상황에서, 다문화 가정은 급속도로 증가할 수밖에 없습니다.

더구나 우리는 남북한이 대치하고 있는 상황입니다. 남한 내에서도 지역 간, 계층 간 갈등으로 혼란합니다. 그런데 만약 통일이 된다면, 더욱 복잡한 갈등 양상이 전개될 것입니다.

이 점에서, 앞으로 남북통일은 형식적인 통일이 아닌 정신적인 통일이 중요합니다. 단순히 정치와 제도에 의한 통일은 많은 갈등을 유발할 수밖에 없습니다. 따라서 남북한 문제에서는 조율의 정신이 무엇보다 중요합니다.

남북통일에 앞서서 먼저 우리 사회에 통섭과 조율의 정신문화가 정착되어야, 통일의 후유증을 빠른 시간 안에 치유할 수 있을 것입니다. 이 점에서 독일의 통일은 우리에게 많은 것을 시사합니다.

최중(最中)

2021년 제93회 아카데미 시상식에서, 윤여정씨는 영화 〈미나리〉에서 미국으로 이민을 간 한 한인 가정의 할머니 '순자' 역할로 여우조연상을 수상했습니다. 그녀는 수상소감에서 최고(最高)가 아닌 '최중(最中)'을 지향한다고 말했습니다. 최중은 균형조율의 정신을 가장 단순하게 표현한 말이기도 합니다.

최고만을 지향하는 우리 사회에서 그녀의 말은 어떤 정치인이나 철학자의 말보다 큰 울림을 주고 있습니다. 우리 사회를 움직이는 것은 최고만은 아닙니다. 요소요소에서 각자 맡은 바 일을 도리에 맞게 하는 사람들 덕에 사회는 균형을 유지하고 있습니다. 묵묵히 튀지 않고 일하는 사람들이 최고를 만들어 주고 있는 것입니다. 최고는 일순간에 존재하는 환상과 같을 뿐, 균형을 유지하는 평범한 사람들의 힘만이 영원히 존재합니다.

우린 다들 대박을 기원합니다. 그러나 역(易)의 관점에서 보면, 대박은 쪽박과 직결되는 변화의 흐름입니다. 아마도 윤여정씨의 표현 방식을 빌리자면, 대박이 아닌 '중박'이 우리 삶에 적당합니다. 지나친 대박심리는 사회를 병들게 하는 원인이 됩니다. 대박을 터뜨리기 위해 상식과 양심을 버리고, 다른 사람의 몫까지 탐내게 되니까요.

교육현장에서 치맛바람을 일으키는 부모의 마음 저변에도 대박심리가 있습니다. 다행히 그 심리가 아이의 재능과 부합하면, 큰 성과를 낼 수 있습니다. 그러나 그것은 확률적으로 극히 소수의 경우에 지나지 않습니다. 부모의 소망과 아이의 재능은 대부분 일치하지 않습니다.

결국 부모의 욕심이 아이의 장래를 망칠 수 있습니다. 그뿐만 아니라 나중에는 작게는 한 집안, 크게는 전체 사회를 병들게 하는 원인이 될 수도 있습니다. 욕심은 크고 능력이 안 따라주면, 비정상적으로 원하는 것을 쟁취하려는 마음이 대박심리 안에 있기 때문입니다.

삶의 양면성

균형조율을 이루기 위해서는 삶의 양면성을 이해해야 합니다. 음양(陰陽)의 양극적 요소로 자연이 이루어져 있듯이, 우리 사회도 좌우(左右), 상하(上下), 노사(勞使), 빈부(貧富), 진보와 보수 등 양극적 요소들로 구성되어 있습니다.

따라서 삶의 양면성을 이해하지 못하면, 전체 사회를 이해할 수 없습니다. 어떻게 하면 이 모순을 해결할 수 있을까요? 에머슨의 '이중의식(Double Consciousness)'이 해결의 열쇠가 될 수 있습니다.

인간의 조건이 지닌 신비에 대한 하나의 열쇠이자 하나의 해법, 즉 운명, 자유, 예지의 오래된 매듭을 푸는 해결책은 존재한다. 바로 이중의식의 제안이다. 서커스의 곡마사(曲馬師)들이 재빠르게 몸을 던져 이 말에서 저 말로 옮겨 타거나, 혹은 한쪽 발을 한 말의 등에 올리고 다른 한 발을 다른 말의 등에 올린 채로 꼿꼿이 서는 것처럼, 인간은 자신의 개인적인 본성의 말과 공적인 특성의 말을 번갈아 탄다.<운명>

에머슨이 말하는 이중의식은 이중적인 태도가 아니라, 공자가 추구한 중용을 통해 상황의 진실을 구현하고자 한 진솔한 마음입니다. 에머슨은 1868년 보스턴에서 행한 중국사절단 환영연회 연설에서 미국에 공자를 정식으로 소개한 사람이기도 합니다.

에머슨은 이 연설에서 공자의 중용을 자신이 추구한 예수의 황금률과 같은 정신으로 보았습니다. 에머슨 자신도 삶의 양극적 모순 속에서 중용을 견지하기 위해 평생을 노력한 사람입니다. 에머슨을 '미국의 공자'라고 하고 이유가 여기에 있습니다.

균형조율교육

우리나라의 국력은 현재 세계 10대 강국 안에 있습니다. 이대로 발전한다면, G7 안에도 머지않아 들어갈 수 있습니다. 그러나 전 세계를 선도하는 국가가 되려면, 그만큼 책임도 뒤따르게 됩니다. 인류 발전뿐만 아니라 평화에도 기여해야 진정한 선진국이라고 할 수 있습니다. 지금은 전 세계가 하나의 지구촌 시대이고 더욱이 우리는 무역의존도가 높기 때문에, 평화공존이 무엇보다 중요한 과제입니다.

이 점에서, 우리 기업의 사회적 책임이 더욱 크게 부각될 수밖에 없습니다. 따라서 서로 상대하고 있는 기업과 사회, 국가와 세계 등의 균형을 이루며 함께 발전하고 평화에 기여할 수 있는 균형인재가 필요한 시대입니다. 미래교육은 균형의식을 길러주는 균형조율교육에 성패가 달려있습니다.

균형의식은 유아기부터 길러져야 몸에 뱁니다. 먼저 몸을 바로 하는 법을 체득시켜야 합니다. 몸을 바로 하기 위해서는 일차적으로 자세가 중요합니다. 걷고, 서고, 앉고, 눕는 일체의 자세가 좌우, 상하의 균형을 유지하면 몸이 바르게 됩니다.

한편 몸과 마음은 하나로 연결되어 있습니다. 따라서 몸이 바르면, 척추에 연결된 신경조직이 조화롭게 작용을 하게 됩니다. 그 결과, 마음이 안정을 유지하고 정신활동이 영민하게 됩니다. 이 점에서 초중등교육에서는 예체능교육이 중요합니다. 다양한 신체활동과 예술활동을 통해 심신의 균형성장을 조화롭게 할 수 있기 때문입니다.

영양도 중요합니다. 우리가 먹는 음식이 우리 자신을 이루기 때문에, 영양의 균형은 곧 몸의 균형과 직결됩니다. 식생활 균형교육과 자세교육은 유치원에서 어느 정도 체득을 시키는 것이 좋습니다. 어릴 적 생활습관이 평생을 가기 때문입니다.

최소한 초등학교까지 균형 있는 생활습관을 유지하는 법을 체득하면, 평생 건강하게 지낼 수 있습니다. 건강결정 요인 중에서 의료, 환경, 유전보다 생활습관이 가장 중요하기 때문입니다.

생활습관이 좋은 사람은 좋은 환경, 좋은 의료기관을 찾아가는 습관이 있습니다. 또한 이런 습관은 후대에게 유전되는 법이죠. 따라서 생활습관이 건강을 결정한다고 해도 무방합니다. 국민건강 차원에서, 바른 생활습관 교육이 최고의 예방의학이라고 할 수 있습니다. 이 점에서 학교는 최고의 예방의학 센터가 될 수 있습니다.

의료에 집중하는 현재의 의료정책은 국가의 재정 부담만 가중시킬 뿐입니다. 현재 국민의료보험 정책에서 이 부분이 가장 심각한 문제로 대두되고 있습니다. 생활습관 개선교육을 통해서 개인 의료에 들어가는 비용을 줄이는 것이 최상의 정책이 될 수 있습니다.

의료비용을 절약한 국가자금은 시민건강교육, 예방의학, 심신의학, 정신과학, 융합의학 등에 투자해야 합니다. 그리고 무엇보다 국민의 평균수명이 길어지면서 발생하는 사회적 부담을 해결할 수 있는 융합 경제문화를 구축하는 데 남는 공적 자금을 써야 할 것입니다.

그런 의미에서, 보건소를 시민예방의학교실로 활용하는 방안을 생각해볼 수 있습니다. 또한 공중 보건의 제도를 다양한 분야로 확대함으로써, 일자리 창출과 연계하고 사회 안전망을 확충하는 방안도 적극 검토해야 합니다.

한편 마음을 균형 있게 쓰는 방법도 배워야 합니다. 이 부분에 대한 교육은 사실 우리 교육에 거의 전무하다고 보아도 무방합니다. 마음교육이라고 해서 종교적 명상만을 일컫는 말이 아닙니다. 섣부른 명상은 오히려 망상을 유발하기 쉽기 때문에, 심신균형조율프로그램에 따라 단계적으로 심리를 조율하는 방법을 체득하는 것이 안전합니다.

현대 사회에서는 수많은 사람들과 부대끼며 살게 됩니다. 아무리 코로나로 비대면 사회가 되더라도 인간관계를 떠나 살 수는 없습니다. 그리고 인간관계가 아니더라도 자신의 중심을 확고하게 잡는 마음관리가 안 되면, 심리적 공황 상태가 올 수도 있습니다.

우리는 학교에서 단순히 심리학을 학문지식으로 배우고 있을 뿐, 심리를 실제로 다루는 방법에 대해서는 잘 모릅니다. 많은 사람들이 겪고 있는 외로움, 갈등, 분노, 우울증, 병리적 일탈충동 등은 결국 심리조절이 잘 안 되기 때문입니다. 따라서 몸과 마음과 삶이 균형을 잡도록 균형의식을 심어주는 것이 무엇보다 중요한 일입니다.

몸과 마음에서 체득된 균형의식은 일상생활에서 관계의 도덕성을 길러줍니다. 민주주의의 근간이 개인주의지만, 개인주의가 지나치면, 나만 괜찮으면 된다는 이기주의가 됩니다. 그러나 이기주의가 도를 넘으면, 결국 자기도 그 피해를 받게 됩니다. 뿌린 대로 거두는 법이죠. 관계의 도덕성이 바르게 길러지면, 이런 피해를 예방할 수 있습니다.

균형의식이 사회, 국가, 세계로 확대되면 인류공영과 세계평화는 자연스럽게 유지될 수 있습니다. 이론으로 윤리와 도덕을 배우는 것보다 균형의식을 몸과 마음과 삶 속에 체화시키는 인간교육이 절실합니다. 이 점에서 삶의 균형을 찾아가는 지혜 교육이 필요합니다.

무엇보다 균형조율교육은 융합창의력을 기르는 데 도움이 됩니다. 새로운 발견이나 발명은 대부분 기존의 사실들을 연결하고 새롭게 균형을 조율하는 과정에서 나옵니다. 끊임없이 변화하는 시대, 환경, 관계 속에서 중심을 잡는 균형의식이 다양성 속에서 통일성을 끌어내는 융합창의력의 핵심입니다.

균형의식이 확고히 자리 잡으면, 어떠한 변화에도 흔들리지 않고 중심을 잡고 새롭게 대처할 수 있습니다. 한마디로 균형조율이 새로운 창조라고 할 수 있습니다. 의식혁명은 몸과 마음과 삶의 균형조율을 통해 완성될 수 있습니다.

한편 균형조율교육은 동서양을 통합하는 교육입니다. 동서통합형 교육은 단순히 외국의 교육기관을 들여오거나, 외국어로 수업을 진행하는 것이 아닙니다. 그것은 동양과 서양의 사고방식 융합을 가능하게 하는 교육을 말합니다.

균형조율교육은 직관적 사고와 합리적 사고, 통일성과 다양성, 정신과 물질 등의 상반된 가치를 융합하는 교육 시스템을 지향합니다. 동서양의 인식체계를 잘 융합하면 융합창의력이 배가 될 수 있습니다. 균형조율프로그램(BMP)의 보다 구체적인 내용과 방법은 《나답게 사는 법》에서 볼 수 있습니다.

균형조율프로그램이 목표하는 것은 인간의 카르마(karma), 즉 업(業)을 바르게 바꾸는 데 있습니다. 카르마는 쉽게 말해서 생활습관입니다. 생활습관은 오래 누적된 습관이기 때문에, 단순히 새로운 지식을 쌓는 것으로 바뀌지 않습니다.

습관을 바꾸는 데는 어느 정도 시간과 반복 체험이 필요합니다.

따라서 일정 기간 몰입할 수 있는 공간에서 주기적으로 바른 습관이 몸에 배게 해야 효과를 볼 수 있습니다.

문명전환기에 맞게 전 국민의 생활습관을 개선하는 작업이 시급합니다. 국민의 생활습관개선을 통해 균형조율 의식이 모든 사람들에게 체화되면, 국민건강뿐만 아니라 사회 갈등도 자연 해소될 수 있습니다. 각 자치단체의 문화센터, 수련관 등을 이용해서 생활습관개선 프로그램을 운영한다면 좋은 결과를 기대할 수 있습니다.

또한 앞으로는 가상공간인 메타버스를 활용해서 생활습관을 개선시킬 수도 있을 것입니다. 균형조율프로그램을 학습 시기, 단계, 목표, 수준 등에 맞게 조율해서 메타버스에 탑재한다면, 공간과 시간의 경계를 넘어 자신의 인생을 상승 전환시킬 수 있습니다.

예를 들어, 균형조율 프로그램을 활용해서 유치원 교육프로그램, HRD 프로그램, 인성교육 프로그램, 건강교육 프로그램, 의식전환 프로그램 등으로 다양하게 개발할 수 있습니다. 심지어 웰다잉(Well-Dying) 프로그램이나 종교 프로그램으로도 구현 가능합니다. 이 분야의 경제적 가치는 상상하기 힘들 정도입니다.

도시와 농촌의 균형조율

우리 사회의 농촌문제는 도시문제이기도 합니다. 농촌문제는 근본적으로 산업화 과정에서 농촌의 인구가 도시에 집중되면서 생긴 결과입니다. 도시의 인구 밀도가 높아질수록 사회의 각종 부조리와 불균형이 심해졌습니다.

　도시화가 농촌의 문제를 야기했지만, 반대로 도시의 문제는 농촌의 불균형을 해소함으로써 균형을 잡을 수 있습니다. 도시와 농촌은 서로 대칭을 이루며 전체 사회를 이루고 있기 때문입니다. 따라서 농촌문제를 해결함으로써 도시문제도 함께 해결할 수 있습니다.

　현재 농촌에는 젊은이들이 많지 않습니다. 농촌에 직접 가보면 이 사실을 실감할 수 있습니다. 특히 결혼 적령기의 여성들이 상당히 부족합니다. 젊은 여자들이 도시로 빠져나간 자리에 동남아시아, 심지어 아프리카에서 온 여자들이 노총각들과 살고 있습니다.

　단일 민족 사이에도 갈등이 많은데, 다문화 부부 사이에는 얼마나 갈등이 크겠습니까? 보통 나이 차이도 심하고, 문화와 종교도 다른 여자들과 사는 농촌 가정에서는 그 갈등의 폭이 훨씬 더 클 수밖에 없습니다.

　대부분 다문화 간에 문화적 소통을 하는 법을 익히지 않은 상태에서 결혼이민을 오기 때문에, 문화적 갈등을 극복하기 힘듭니다. 만약 우리가 이들에게 배려와 관용의 정신을 갖지 않는다면, 그 자식들이 자라면서 더 큰 갈등과 혼란을 만들 수도 있습니다.

　물론 서로 간에 사랑과 이해로 문화 차이를 극복하고 잘 사는 부부도 있습니다. 국내외에서 유학, 취업활동, 이민 등으로 자연스럽게 만나 결혼한 부부인 경우에는 문화적 갈등이 비교적 적습니다. 한국 남자와 외국 여자의 결합뿐만 아니라 외국 남성과 결혼한 한국 여성도 적지 않게 늘고 있는 추세입니다. 그들의 성공담은 다문화 교육과 갈등 해소에 귀감이 될 것입니다.

어떻게 하면 우리는 다문화시대 농촌사회를 조율할 수 있을까요? 그 문제의 해법도 균형조율에 있습니다.

농촌사회가 급변할 때 중심을 잡아주는 균형조율 농촌지도자, 즉 균형인재를 우리 사회도 서둘러 양성해야 합니다. 농촌문제를 풀 균형인재는 스스로 중심을 잡고 농촌사회 각처의 모순과 갈등을 조율하고, 나아가 농촌사회 전체의 균형을 조율하는 능력을 갖추어야 합니다. 농촌사회의 갈등을 대증요업으로 해결하는 것은 일시적인 방편에 불과합니다. 근본 해결책은 사회갈등을 미리 조율하는 능력을 지도자들에게 배양시키는 데 있습니다.

다문화 사회의 갈등과 혼란의 위기가 오히려 농촌사회 발전의 기회가 될 수 있습니다. 다문화 가정의 엄마, 혹은 아빠와 아이들은 사실 앞으로 우리 농촌뿐만 아니라 우리나라가 세계로 나아가는 데 있어서 제일 귀중한 인적 자산입니다. 그들을 잘 교육하고 진정한 공동체 구성원으로 만든다면, 그들이 새로운 농업기술과 더불어 농수축산물과 제품들을 세계에 보급할 뿐만 아니라 우리의 문화를 전파하는 통로 역할도 할 수 있습니다.

조율은 소통이다

세상에서 가장 아름다운 것은 음양의 조화입니다. 음양의 조화로 자연이 사계절 아름다운 모습을 연출합니다. 마찬가지로 인간세상도 젊은 남녀의 조화가 가장 보기 좋습니다. 조율과 소통의 정신을 엿볼 수 있는 택산함(澤山咸) 괘는 소녀(少女)를 상징하는 택(澤)이 위에 있고, 소남(少男)을 뜻하는 간(艮)이 아래에 있습니다.

지천태(地天泰)처럼, 택산함은 음(陰)이 양(陽) 위에 있습니다. 음양이 교류하는 형국이기 때문에, 시절 인연이 좋습니다. 지천태와 같은 완전한 조화는 오래가지 못합니다. 오히려 택산함과 같은 다소 미숙한 음양의 화합이 세상을 오래 유지시키는 원동력입니다. 괘사도 좋습니다.

함은 형통하다. 올곧으면 이롭다. 여자에게 장가들면 길하다.(咸, 亨, 利貞, 取女吉)《주역》

주역의 남녀는 현대적으로 해석하면 역할의 음양으로 보는 것이 좋습니다. 양성평등사회에서 남녀의 구별은 역할의 차이로 보는 것이 합당합니다. 여자도 양(陽)의 역할을 하면 남자로 해석할 수 있습니다.

단사의 해석을 보시죠.

> 단사에서 이르기를, 함은 감응이다. 부드러운 음이 위에 있고
> 굳센 양이 아래에 있어서, 두 기가 감응하여 서로 나누어주는
> 것이다. 그침과 기쁨이다. 남자가 여자 아래 있다. 이 때문에
> 형통하고 올곧으면 이롭고, 여자에게 장가들면 길하다고 하는
> 것이다. 천지가 감응하여 만물이 화생하듯이, 성인이 사람의
> 마음을 감화시켜서 천하가 화평해진다. 감응하는 바를 관찰하
> 면 천지 만물의 사정을 볼 수 있다.**(彖曰, 咸, 感也, 柔上而剛下,**
> **二氣感應以相與. 止而說, 男下女, 是以亨, 利貞, 取女吉也. 天地感而**
> **萬物化生, 聖人感人心而天下和平, 觀其所感, 而天地萬物之情可見**
> **矣)**《주역》

택(澤)은 기쁨의 뜻도 있고, 간(艮)에는 그침(止)의 뜻도 있습니다.
음양의 감응 정도가 상하의 소통에 중요합니다. 그래서 기쁨에 지나
치게 탐닉하지 않도록 그침의 경책이 이 괘에 들어있습니다. 때문에
상사에서는 빈 미음을 경책하고 있습니다.

> 상사에서 이르기를, 산 위에 못이 있는 것이 함이다. 군자는 이
> 로써 마음을 비워 사람을 받아들인다.**(象曰, 山上有澤, 咸, 君子**
> **以虛受人)**《주역》

상사는 또 다른 각도에서 택산함의 괘상을 풀이하고 있습니다.

연못은 텅 빔으로써 산을 품고 있습니다. 빈 것은 모든 것을 담을 수 있습니다. 허공이 큰 것은 비어있기 때문입니다. 우리가 사람이나 사물을 제대로 판단하지 못하는 이유는 마음에 편견이 자리를 잡고 있기 때문입니다.

선입견을 모두 비우면, 사물의 실체가 스스로 드러납니다. 마음이 사물과 혼연일체가 되어 감응하기 때문입니다. 격물치지(格物致知)의 이치가 여기에 있습니다. 공자도 《논어》〈자한편(子罕篇)〉에서 사물의 핵심을 파악하는 비결로 빈 마음을 말씀했습니다.

> 내가 아는 것이 있겠는가? 아는 것이 없다. 그러나 한 촌사람이 나에게 물어보면, 고정관념을 두지 않는 빈 마음으로, 그 질문의 양면 모두를 파악한 후, 결론을 말한다.**(吾有知乎哉. 無知也. 有鄙夫問於我, 空空如也, 我叩其兩端而竭焉)**《논어》

석가도 그물에 걸리지 않는 바람처럼 빈 마음을 유지해야 대자유의 진리에 이를 수 있다고 말씀했습니다. 모든 성인은 바람처럼 한 곳에 머물지 않는 빈 마음으로 경계를 관통하고, 삼라만상의 핵심을 파악할 수 있었습니다.

중도는 균형조율

중도의 정신을 대표하는 괘는 풍택중부(風澤中孚)입니다. 여기서 중부(中孚)는 중도의 다른 표현입니다. '부(孚)'란 한자에 묘미가 있습니다. 부(孚)는 조(爪)와 자(子)로 구성되어 있습니다. 조(爪)는 새의 발톱으로, 여기서는 새를 상징합니다.

새가 알을 품을 때는 생명에 대한 강한 믿음이 있습니다. 이 점에서 중도에 대한 강한 믿음이 체화된 것이 중부라는 사실을 알 수 있습니다.

풍택중부의 상괘는 바람을 뜻하는 손(巽)이고, 하괘는 연못을 상징하는 택(澤)입니다. 바람은 머물지 않고, 연못은 비어있습니다. 둘 다 부드럽게 만물을 포용하되, 집착하지 않는 모습입니다. 괘사도 극찬에 가깝습니다.

중부는 돼지와 물고기도 길하다. 큰 내를 건너면 이롭다. 올곧으면 이롭다.(中孚, 豚魚吉, 利涉大川, 利貞)《주역》

자연이 생태적 균형을 이루고 만물을 키울 수 있는 것은 그 본성이 치우침이 없는 중성(中性)이기 때문입니다. 마찬가지로 성인(聖人)이 만인을 제도할 수 있는 것은 그 가르침이 편견이 없는 중도(中道)이기 때문입니다. 단사의 해석을 보면 그 뜻이 보다 분명해집니다.

단사에서 이르기를, 중부는 부드러운 음이 안에 있고 굳센 양이 가운데 자리를 얻었다. 기뻐하고 공손하며, 믿음은 이에 온 나라를 교화한다. 돼지와 물고기도 길하다 함은 믿음이 돼지와 물고기까지 미친 것이다. 큰 내를 건너면 이롭다 함은 텅 빈 나무배에 올라탔기 때문이다. 중도를 지니고 믿음이 있으므로 올곧으면 이로우니, 이에 하늘에 순응하는 것이다.(**彖曰, 中孚, 柔在內而剛得中, 說而巽, 孚乃化邦也. 豚魚吉, 信及豚魚也, 利涉大川, 乘木舟虛也, 中孚以利貞, 乃應乎天也**)《주역》

단사에서는 하괘 택(澤)을 나무배로 보고, 빈 배의 공능을 설명하고 있습니다. 여기서 알 수 있듯이, 부드러움이 의미를 갖는 것은 부드러움 속에 강한 의지가 있기 때문입니다. 예수와 석가가 공통적으로 말씀했듯이, 천도(天道)나 인도(人道)나 궁극적으로는 하나입니다.

다만 인간의 집착과 탐욕으로 인간의 본심이 흐려졌기 때문에, 천도와 인도가 나뉘게 되었습니다. 이 점에서, 풍택중부에서 가장 경책하는 말은 6효(상구)에 있습니다.

닭이 울며 하늘로 오른다. 올곧더라도 흉하다. 상사에서 이르기를, 닭이 울며 하늘로 오른다 한들, 어찌 오래갈 수 있겠는가.(**翰音登于天, 貞凶. 象曰, 翰音登于天, 何可長也**)《주역》

원문의 한음(翰音)은 닭입니다. 닭의 본분(本分)은 지상에 있습니다. 닭은 새벽에 세상을 깨웁니다. 여기서 닭은 진리를 추구하는 성직자나 수행자, 또는 사회에 밝은 도리를 말해야 하는 원로를 상징합니다. 만약 그런 역할을 맡은 사람들이 본분을 망각하고 돈이나 명예욕에 빠진다면, 세상은 어지러워질 것입니다.

중도는 특별한 권능이 아닙니다. 그것은 자기 직분과 본성에 따라 일상의 삶을 진실하게 사는 것입니다. 중도의 정신으로 우리는 사회의 불균형을 조율하고, 부조리한 사회를 상식적인 사회로 회복시킬 수 있습니다.

10

상식회복,
도덕과 양심이 사회를 유지하는 힘

10

상식회복,
도덕과 양심이 사회를 유지하는 힘

상식이 없는 세상에서는 상식이 오히려 세상을 뒤엎는 역천(逆天) 사상으로 보일 수 있습니다. 역사 속에서 이런 사례를 수없이 찾을 수 있습니다. 갈릴레이의 지동설이 대표적인 예이지만, 우리나라에서도 조선시대까지 이러한 일이 많이 있었습니다. 특히 사회제도의 모순을 상식적인 도리로 얘기한다면, 큰 죄가 되었습니다.

예를 들어, 조선 시대 허균은 현대의 민주주의의 측면에서는 가장 상식적인 인물이었습니다. 그는 유교는 물론이고 불교와 도교에도 능했습니다. 자유분방했던 그는 유불도를 넘나들며 자유로운 사상을 표현했습니다. 비록 누명을 쓰고 형장의 이슬로 사라졌지만, 허균의 사상은 시대를 관통하는 평등사상을 전하고 있습니다.

평등사상은 성인(聖人)의 정신에서 유래한 것입니다. 석가와 예수는 본래 진정한 의미의 자유와 민주주의를 설파했습니다. 그분들의 말씀을 자세히 보면, 모든 사람이 세상의 중심으로서 평등과 자유를 누릴 수 있는 존재임을 알 수 있습니다. 조선 후기 기독교가 전래되었을 때, 진리를 추구하는 유학자들이 열광한 것은 이러한 자유와 평등 사상이었습니다.

그러나 아쉽게도 종교는 대부분 기득권의 정치세력을 뒷받침하는 도구로 변질되었습니다. 예를 들어, 왕도정치 자체는 이론적으로 완전했습니다. 그러나 그것은 왕이 도인(道人)이라는 전제조건에서 구현될 수 있습니다.

예수는 부자가 천국에 가는 것은 낙타가 바늘귀를 통과하는 것보다 힘들다고 말씀했는데, 이 말씀을 정치인이 도인이 되는 것에 비유할 수 있습니다. 사실상 불가능한 일입니다.

허균은 양반제도의 맹점을 세상에 자유롭게 말했습니다. 그는 양반제도의 문제점과 서자(庶子)의 설움을 누구보다 잘 알고 있었습니다. 그래서 그는《홍길동전》에서 서자인 홍길동을 주인공으로 내세워 양반사회의 부조리를 해결하는 모습을 그렸습니다.

소설 속에서는 시원하게 시대의 문제를 풀어냈지만, 현실에서 허균은 양반제도의 근간을 뒤흔든 죄목으로 형장의 이슬이 되었습니다. 그가 죽은 가장 큰 이유는 시대의 주류세력과 영합하지 않았기 때문입니다. 기득권을 쥐고 있는 주류세력들에겐 허균은 목의 가시와 같은 존재였을 것입니다.

허균에게 잘못이 하나도 없었을까요?

역의 관점에서 보면, 허균은 시대를 잘못 태어난 천재였습니다.

그가 이 시대에 태어났다면, 그의 주장은 상식적인 얘기였을 것입니다. 그리고 또 한 가지 그에게는 자신의 재능을 함부로 드러낸 잘못도 있습니다. 이것은 모든 시대와 사회를 통해 적용되는 원리입니다. 너무 도드라진 것은 마찰이 많을 수밖에 없기 때문입니다.

이 시대의 자유민주주의에는 문제점이 없을까요?

《홍길동전》을 통해 신분의 경계를 넘어 만인이 평등하다는 사실을 그려낸 허균의 사상이 현대 민주주의 시대에서 이론적으로는 실현되고 있습니다. 그러나 아직도 문제점들이 많이 있습니다. 때문에 허균과 같은 입장과 맥락에서, 민주주의의 문제점을 얘기하는 사람이 있을 수 있습니다.

민주주의의 문제점은 무엇인가요?

가장 큰 문제는 사람의 수로 어떤 문제를 결정한다는 점입니다. 다수결원칙은 민주주의의 장점이자 한계이기도 합니다. 이 사실이 각종 투표에서 극명하게 드러납니다. 아무리 현명한 판단이라도 소수의 사람이 제안한다면, 묻힐 수밖에 없는 구조를 지니고 있기 때문입니다.

극단적인 예를 들자면, 99명의 바보가 1명의 현자를 바보 만들 수 있는 구조가 민주주의입니다. 따라서 다양한 보완 정책을 통해 소수의 권익과 제안을 반영할 제도적 장치와 통로가 필요합니다. 그렇지 않으면, 예수의 말씀처럼, 맹인을 따라 낭떠러지로 함께 떨어질 수도 있습니다.

민주주의의 단점을 보완하기 위해, 우리 사회에 상식문화를 보급하는 다양한 공간과 대화통로를 만들어 줄 필요가 있습니다. 모든 문화와 가치를 통섭할 수 있는 융합 시스템이 갖추어진 열린 교육과 문화 공간이 곳곳에 있다면, 사회의 모순과 갈등을 조율하는 기능을 할 수 있을 것입니다.

여기에 사회의 독소에 찌든 사람들을 위한 심신 디톡스(Detox) 프로그램을 곁들인다면, 건강 문화가 우리 사회에 널리 전파되는 부수적인 효과도 거둘 수 있습니다.

디톡스, 상식회복의 첫걸음

현재 우리 사회는 독소가 가득합니다. 환경오염의 물리적 독소뿐만 아니라 정신적 독소가 우리의 건강한 삶을 위협하고 있습니다. 우리는 해방 이후 서구사회가 2세기 동안에 이룩한 산업사회를 반세기만에 이루어냈습니다. 더불어 그사이에 세대 간, 계층 간, 지역 간, 산업 간, 도농 간에 심화된 불균형을 해소하기 위한 노력이 있었고, 일부 성과도 있었습니다. 그러나 적절하지 못한 대처로 오히려 갈등을 더 증폭시킨 일이 많았습니다.

그 결과, 현재 사회 곳곳에 독소가 쌓여있다고 말할 수 있습니다. 사회에 독소가 잔뜩 쌓여 있기 때문에, 상식적인 소통이 되지 않고 있습니다. 이대로 방치한다면, 개인뿐만 아니라 사회 전체가 붕괴될 수 있습니다.

어떻게 하면 사회의 중첩된 독소들을 깨끗하게 없앨 수 있을까요? 여기에는 통합적인 방법이 필요합니다. 사회에 쌓인 독소를 효과적으로 제거하기 위한 방법으로 디톡스 융합센터를 제안할 수 있습니다.

몸과 마음, 그리고 삶 속에 찌든 독소가 빠지지 않은 상태에서는 아무리 좋은 교육도 효과를 보기 힘듭니다. 따라서 무엇보다 먼저 모든 독소를 빼는 것이 중요합니다. 그리고 각자 쌓인 독소의 원인이 다르기 때문에, 통합적으로 관리하는 디톡스 센터가 필요합니다. 개인과 사회의 독소제거에는 일정한 단계와 과정이 필요합니다.

먼저 개인적인 측면에서 몸과 마음에 쌓인 찌든 독소를 빼야 합니다. 심신의 독소를 뺀 이후에, 초융합시대인 인공지능시대에 맞는 새로운 세계관과 인생관을 갖추어야 합니다. 이때 자신의 적성, 능력, 그리고 상황에 맞게 인생을 재설정합니다.

그리고 나아가 사회 공동체와의 조화로운 관계 속에서 자신의 삶을 영위할 수 있는 지혜를 기르는 인간교육과정을 단계별로, 체계적으로, 그리고 통합적으로 진행할 필요가 있습니다.

최고의 도움은 도움이 필요 없게 만드는 것입니다. 마찬가지로 사회적 독소를 제거하는 최고의 방법은 독소를 해소하는 지혜를 개인 스스로 갖추는 것입니다. 그렇게 되면 사회에 독소가 쌓이는 것을 근원적으로 예방할 수 있습니다.

농촌을 디톡스 센터로 활용

사회의 독소를 빼는 곳으로 자연만 한 곳이 없습니다. 이 점에서 농촌을 도시인의 독소를 제거하고, 문명전환기에 맞게 새로운 인생을 설계하는 곳으로 탈바꿈하면 좋을 것입니다. 그럼으로써 인구문제와 인간교육 문제도 함께 해결할 수 있습니다.

만약 농촌의 학교나 교육시설이 심신의학적 원리에 따라 시스템화되고, 그에 맞는 적절한 환경을 갖춘다면, 그 자체로 최고의 예방의료기관이 될 수 있습니다. 더불어 몸과 마음의 균형을 잡아주는 디톡스 교육과 더불어 삶의 지혜를 가르친다면, 이보다 좋은 건강교육센터는 없을 것입니다.

심신의학적 디톡스 융합인간교육시스템은 개인의 잠재 역량을 극대화시키고, 공동체 내의 소통과 조율 능력을 높이는 좋은 수단이 될 수 있습니다. 이 점에서 농촌은 우리 사회의 독소를 해결하는 최적의 조건을 갖추고 있습니다. 만약 그 조건을 농촌의 상황에 맞게 현실화시키면, 개인 간, 집단 간, 도농 간 갈등을 근원적으로 해결하고, 우리 사회의 번영을 함께 추구할 수 있게 됩니다.

농촌에서 잠시 쉬면서 전원의 삶을 체험하고자 하는 욕망은 인간의 기본적인 본능입니다. 오랫동안 농사를 짓고 가축을 기르며 들과 숲, 또는 해변을 누비던 습성이 우리의 DNA 속에 내재해 있기 때문입니다. 그러므로 농어촌의 자연환경에 맞는 다양한 치유프로그램으로 도심 속에서 찌든 몸과 마음에 쌓인 독소를 풀어준다면, 도시인의 원기를 북돋워 주는 더없이 좋은 활력소가 될 것입니다.

우리나라는 산이 많고 삼면이 바다에 접해있기 때문에, 심신의 활력을 재충전하는 관광과 여가 장소로 천혜의 조건을 갖추고 있습니다. 이 점을 잘 활용한다면, 코로나로 인한 각종 질환을 해결하고 더불어 농촌문제를 해결할 수 있습니다.

자연은 인간에게 잃어버리기 쉬운 본성을 회복시키는 생명력이 있습니다. 첨단물리학과 정신과학의 융합으로 앞으로 농촌은 인간의 활동력을 재충전시킬 수 있는 가장 이상적인 공간으로 탈바꿈할 수 있습니다.

자연은 인간의 영원한 스승입니다. 인류의 문명을 바꾼 물리학상의 대발견과 발명은 대부분 자연에서 받은 영감에서 나온 것입니다. 그런 의미에서, 청소년기, 생애전환기. 문명전환기 등 인생과 문명의 방향이 변화는 시기에 자연의 생명력이 충만한 농촌을 재교육 학습장으로 활용한다면 좋은 성과를 낼 수 있습니다.

상식회복의 길, 일상성의 회복

우리는 이상향을 현실 저 너머에서 찾는 경향이 있습니다. 합리적인 이성 저편에 신비주의적 성향이 인간에 내재해 있기 때문입니다. 그래서 종교인들은 천국이나 극락을 희구합니다. 천국과 극락을 별개의 세상으로 보고 있기 때문입니다.

그러나 성인(聖人)은 그렇게 말씀하지 않았습니다. 석가는 깨달음을 증득하는 순간 바로 불국토가 눈앞에 펼쳐진다고 말씀했습니다. 예수의 말씀도 이와 다르지 않습니다.

하느님 나라는 바로 너희 가운데 있다.(누가복음17:21)

공자가 꿈꾼 이상향도 이와 다르지 않았습니다. 공자의 대동사회(大同社會)는 바로 이 세상에서 구현해야 하고, 구현할 수 있는 우리의 명제입니다.

하늘의 도(道), 즉 진리는 저 먼 곳에 있는 것이 아니라, 우리의 일상 속에 있습니다. 깨달음이란 일상성에서 영원성을 보는 것입니다. 에머슨의 시 중에서 일상성 속의 영원성을 노래한 〈일상의 날들〉이 있습니다.

시간의 딸들, 위선의 일상의 날들은
맨발의 수도승처럼 베일에 싸여 말없이,
끝없이 줄지어 일렬로 행진하며,
그들 손에 영광의 선물다발을 가져오는구나.
각자에게 원하는 대로 그들은 선물들을 주는구나,
빵, 왕국, 별, 그리고 그들 모두를 지닌 하늘을.
나는, 나의 구획된 정원에서, 화려함을 보고,

아침 인사를 잊고, 급히

야채와 사과를 좀 먹는 사이, 하루는

몸을 돌려 조용히 떠났구나. 너무 늦게, 나는

그 엄숙한 리본 밑의 경멸을 봤도다.(일상의 날들)

우리가 일상을, 진리를 가리는 '위선의 일상'으로 인식하는 것은
우리의 의식이 무명(無明)으로 덮여있기 때문입니다. 무명 속에서 우리
는 온갖 집착과 편견에 얽매여 있습니다. 상식회복은 다른 것이 아니
라 무명을 벗고 광명(光明)을 회복하는 일입니다.

일상의 상식회복은 밝게 깨인 의식으로 생활하는 것을 말합니다.
달리 말하면, 성인의 말씀을 일상에서 구현하는 것이 깨달음입니다.
우리가 성인의 경지에 이르면, 성인의 말씀이 곧 상식이 될 것입니다.
의식이 깨이면, 평범(平凡)한 일상 속에서 비범(非凡)한 진리를 볼 수 있
습니다.

한편 일상의 삶을 잘 사는 것이 건강과 행복 그리고 번영을 함께
이루는 첩경입니다. 마음을 현재의 일상에 두면 잡념이 사라집니다.
잡념이 사라지면, 심신이 안정을 되찾게 됩니다. 마음이 안정을 찾아
야 진리의 상식을 밝게 비추어 볼 수 있습니다. 공자의 도를 이은 증
자는《대학》에서 이 이치를 자세히 밝혀놓았습니다.

알고 멈춘 다음에 집중할 수 있고, 집중한 후에 고요할 수 있

고, 고요한 이후에 편안할 수 있고, 편안한 후에 생각할 수 있

고, 생각한 후에 얻을 수 있다.**(知止而后有定 定而后能靜 靜而后**
能安 安而后能慮 慮而后能得)《대학》

이처럼 일상의 삶에 충실하면 건강해질 뿐만 아니라, 상식의 도
(道)를 얻을 수 있습니다. 마음을 현재에 두는 치료효과는 개인뿐만 아
니라 사회에도 적용됩니다. 마음이 가면 기혈(氣血)이 함께 갑니다. 기
(氣)와 혈(血)이 가면 인체의 막힌 부위를 뚫어주듯이, 일상의 진실한
마음이 막힌 사회를 소통시켜줄 것입니다.

깨달음은 일상의 삶을 떠나 있지 않습니다. 기적을 말하기 좋아
하는 자는 사이비일 가능성이 높습니다. 예수도 일상성을 강조했습
니다. 이 점에서, 예수가 그 사람의 행동을 보고 판단하라고 말씀했던
것입니다.

인공지능사회의 상식

팬데믹으로 보다 가속화될 인공지능사회는 블록체인기술을 기반
으로 정보의 분산이란 큰 흐름을 타게 됩니다. 일부 특수한 분야의 정
보를 제외하고, 교육, 문화, 종교, 역사 등의 일반적인 정보는 서로 비
교 검토함으로써 거짓 정보는 사라지고 참된 정보만 세상에 남을 수
밖에 없습니다.

그동안 세상은 상식을 주장했지만, 위선에 가려진 반쪽의 상식이

적지 않았습니다. 그러나 앞으로 곧 올 미래사회는 온전한 상식이 세상을 지배할 것입니다. 그러나 내가 바뀌지 않으면, 아무 소용이 없습니다. 따라서 내가 근본 도리의 상식을 회복하는 것이 세상을 바꾸는 일이 됩니다.

우주의 중심은 자기 자신입니다. 석가가 말씀한 일체유심조(一切唯心造)나 천상천하유아독존(天上天下唯我獨尊)은 같은 의미라고 할 수 있습니다. 내 마음이 세상을 창조하는 중심이고, 따라서 나는 세상에서 가장 존귀한 존재인 것입니다.

실제로 세상은 자신이 느끼는 심리상태와 일치합니다. 세상을 바꾸려고 자신 밖에서 헤매는 것보다, 내 안에서 나를 바르게 탈바꿈하는 것이 세상을 변화시키는 가장 빠른 길입니다.

우리가 꿈꾸는 미래사회는 기도로 구하는 세상이 아닙니다. 그것은 바른 뜻과 강인한 의지 그리고 진실한 실천으로 이루어집니다. 기도는 자신을 성찰하는 수단이지, 무엇을 얻고자 갈구하는 목적이 아닙니다. 이것이 공자, 노자, 석가, 예수가 공통적으로 말씀한 상식입니다. 미래사회는 성인의 상식이 실현되는 세상이 될 것입니다.

변화의 단계에 맞게 처신하라

세상을 이루는 3요소를 고대 동양에서는 천지인(天地人)으로 표현했습니다. 현대적으로 풀이하면, 시간, 공간, 그리고 인간사회입니다.

주역에서 시간의 변화에 따라 인간이 해야 할 행동의 상식을 설명한 괘는 중천건(重天乾)입니다. 이것을 달리 건위천(乾爲天)이라고도 합니다.

중천건은 상괘와 하괘가 모두 순양(純陽)으로 구성되어 있습니다. 하늘은 시간의 변화를 대표합니다. 하늘의 변화인 천도(天道)에 순응하는 자는 크게 형통하게 됩니다. 그래서 괘사도 제일 좋습니다.

크게 길하고, 올곧으면 이롭다.(元亨, 利貞)《주역》

중천건은 주역의 최고 가치인 원형이정(元亨利貞)을 모두 갖추고 있습니다. 원(元)은 으뜸으로 큰 것이고, 형(亨)은 막힘없이 통한다는 뜻입니다. 그리고 이(利)와 정(貞)은 하나로 묶여서 올곧으면 이롭다는 뜻을 이룹니다. 아무리 좋은 것도 올곧은 도리를 따르지 않으면, 오히려 해가 될 수 있음을 경책하는 의미가 담겨있습니다. 단사에서 하늘의 변화가 주는 의미와 그 도리를 자세히 설명하고 있습니다.

단사에서 이르기를, 위대하다. 으뜸인 하늘이여. 만물이 하늘의 성품을 받아 시작되고, 온 세상을 통솔하는구나. 구름은 흐르고 비가 내리며, 만물은 유전하며 번식하고 있다. 하루의 시작과 끝은 여섯 단계로 이루어져 있으며, 육룡이 끄는 수레를 타고 하늘을 운행한다. 하늘은 변화를 따르니, 각기 성과 명을 바르게 하고, 함께 어우러져 큰 조화를 이루고, 이내 올곧으면 이롭다.(**象曰, 大哉乾元, 萬物資始, 乃統天, 雲行雨施, 品物流形. 大明終始, 六位時成, 時乘六龍以御天. 乾道變化, 各正性命, 保合太和, 乃利貞**)《주역》

하늘의 변화는 시간의 변화로 나타납니다. 시간은 하루, 1년 등이 일정한 과정을 반복하며 커다란 원환을 이루고 있습니다. 공자는 단사에서 시간의 변화를 육룡(六龍), 즉 6단계로 설명하고 있습니다. 건도(乾道), 즉 하늘의 변화에 맞게 모든 존재가 바른 성품과 바른 몸을 유지하고 함께 조화를 이루며, 각자의 영역에서 올곧게 도리를 다하면 크게 형통할 수 있습니다.

1효(초구)는 아직 미숙한 변화의 단계입니다. 인간은 발달 단계에서 남녀가 약간 차이를 보입니다. 여자의 경우는 생리가 시작되기 전까지를 1단계의 변화로 볼 수 있습니다. 남자는 그보다 조금 늦게 심신의 변화가 일어납니다. 미숙한 시절에는 어떻게 해야 할까요? 초구의 효사는 단호합니다.

잠룡은 쓰지 않는다.(**潛龍勿用**)《주역》

잠룡은 대권에 뜻을 둔 정치인만을 의미하지는 않습니다. 상식회복이 이루어지면, 우리 모두가 잠룡이라고 할 수 있습니다. 신체의 발달 측면에서는 생리주기를 가지고 미숙(未熟)을 논할 수 있지만, 인간 사회의 입장에서 보면 아직 체력이 허약하고, 세계관과 지혜가 어두운 것을 미숙하다고 말할 수 있습니다.

허약하고 어리석은 사람은 세상경영에 쓸 수 없습니다. 이때는 가정의 훈육(訓育)을 통해 힘을 기르고 무명(無明)의 때를 씻어내야 합니다. 1단계는 몸과 마음의 원기(元氣)를 육성하는 온양(溫養)의 시기에 해당합니다.

2효(구이)는 본격적으로 배우고 익히는 단계입니다. 우리는 공자가 말씀한 '나면서부터 안 사람(生而知之者)'《논어》이 아니기 때문에, 세상에 나가서 배워야 합니다. 효사도 스승의 필요성을 말하고 있습니다.

용이 땅 위에 모습을 드러내니, 대인을 만나면 이롭다.(**見龍在田, 利見大人**)《주역》

배움에는 스승이 필요합니다. 효사의 대인(大人)은 스승을 의미합니다. 교육의 가장 큰 핵심은 좋은 스승입니다. 좋은 스승을 만나면, 반은 이루었다고 할 수 있습니다. 나머지 반은 본인이 배우고 익히기에 달려있습니다. 2단계는 심신을 단련하는 시기입니다.

예전에는 지도자를 가르치는 스승이 있었습니다. 스승을 통해 세상을 바르게 이끄는 도리와 지혜를 배울 수 있었습니다. 그리고 위기 시에는 스승에게 자문을 구했습니다. 그러나 지금은 세상에 스승 역할을 제대로 하는 원로가 없는 것 같습니다. 원로라고 하는 사람들이 이익을 바라고 정치에 참여하기 때문입니다.

3효(구삼)는 배운 것들을 자기 것으로 체득하고 새롭게 융합하는 단계입니다. 반복해서 배우고 익혀서 자신의 성품과 지혜를 숙성시키는 과정이 필요합니다. 구삼의 효사는 게으름과 오만을 경책하고 있습니다.

> 군자는 종일 쉼 없이 노력하고, 저녁에도 두려워하듯, 긴장을 늦추지 않으면 허물이 없다.(君子終日乾乾, 夕惕若, 厲無咎)《주역》

경적필패(輕敵必敗)라는 말이 있습니다. 심신의 기운이 세상을 호령할 듯해도, 상대를 무시하면 적에게 당할 수 있습니다. 때문에 자신의 허물을 반성하고, 세상의 흐름을 보는 밝은 지혜를 길러야 재난을 방지할 수 있습니다. 그러므로 우리는 완전히 성숙해질 때까지 반복해서 우리 자신을 단련해야 합니다. 3단계는 숙성의 단계입니다.

공자는 구삼의 상사(象辭)에서 '반복도야(反復道也)'라고 말씀했습니다. 한 분야에서 전문가가 되기 위해서는 최소 10년 정도의 시간이 필요합니다. 지루한 과정을 참고 견디는 과정을 통해 어느 순간 도약하는 때가 오게 됩니다. 여기에서 나아가 대가(大家)가 되기 위해서는 단순히 전문적인 지식뿐만 아니라 세상의 이치를 밝게 알아야 합니다.

4효(구사)는 본격적으로 세상에 나가 자신의 뜻을 펼치는 단계입니다. 4단계는 출사(出師)의 단계입니다. 현실은 총성 없는 전쟁터와 같습니다. 효사는 그에 대한 설명입니다.

> 혹 도약하다 연못으로 다시 들어가도, 잘못이 없다.**(或躍在淵,**
> **无咎)**《주역》

전쟁에는 전략이 필요합니다. 마찬가지로 인생에는 인생전략이
필요합니다. 진퇴(進退), 출입(出入), 승강(昇降) 등이 때에 맞게 이루어져
야 인생의 전투에서 승리할 수 있기 때문입니다. 현실 상황의 변화에
맞게 처신해야 성공할 수 있습니다.

5효(구오)는 웅비의 단계입니다. 드디어 때를 만나, 자신의 뜻을 천
하에 펼칠 수 있는 상황입니다. 그러나 현상계는 대칭을 이루며 존재
하는 세계입니다. 홀로 세상을 이끌 수는 없습니다.
    따라서 자신의 부족한 부분을 채워주고 함께 일을 도모할 수 있
는 사람을 만나야 큰 성공을 거둘 수 있습니다. 다만 그 사람은 구오
의 격에 맞게 대인의 지덕(智德)을 겸비해야 도움이 됩니다. 효사도 그
런 의미를 담고 있습니다.

> 용이 하늘을 날아다니니, 대인을 만나면 이롭다.**(飛龍在天, 利**
> **見大人)**《주역》

그러나 높이 오른 것은 내려오게 돼 있습니다. 따라서 그것을 예
방하기 위해서는 스승의 훈계뿐만 아니라, 자신을 비난하는 사람들의

목소리도 경청할 필요가 있습니다. 이 점에서, 구오에게 필요한 가장 큰 덕목은 중도입니다. 상하, 좌우, 진보와 보수 등의 대립과 갈등을 해소하고, 상식의 도리를 회복하는 길은 중도의 지혜뿐입니다.

6효(상구)는 물러나는 단계입니다. 시작이 있으면 끝이 있기 마련입니다. 물러날 줄 모르면, 어떻게 될까요? 상구의 효사는 이에 대한 경책입니다.

너무 높이 올라간 용은 후회가 있다.(亢龍有悔)《주역》

인간교육이 덜된 사람이 지도자가 되면 물러날 줄을 모릅니다. 우리 사회의 지도자 중에서 흔히 볼 수 있는 일입니다. 원문의 항(亢) 자는 높다는 뜻도 있지만. 오만한 인간의 심리를 의미하기도 합니다. 공자는 어리석은 오만방자한 인간의 심리를 다음과 같이 설명했습니다.

항이란 말이 의미하는 것은 나아가는 것만 알고 물러서는 것은 모르고, 사는 것만 알고 죽는 것은 모르며, 얻는 것만 알고 잃는 것을 모르는 것이다.(亢之爲言也, 知進而不知退, 知存而不知亡, 知得而不知喪)《문언전》

우리는 역사를 통해 물러날 줄 모르는 지도자의 최후를 잘 알고 있습니다. 그런 위치에 가면 왜 많은 지도자들이 물러날 줄을 모를까요?

그것은 그 사람을 중심으로 형성되어 있는 밥그릇 때문입니다. 주변 사람들이 지도자의 눈과 귀를 가리고, 자신들의 이익을 취하게 마련입니다. 이것이 일반적인 심사입니다.

이런 심사에서 벗어나고자 한다면, 변화의 6단계에서는 영적인 깨달음의 길에 들어가야 합니다. 영적 성장을 통해 의식혁명을 완수하는 것이 인간이 세상에 온 최종 목적입니다. 돈과 명예는 인격을 완성하는 수단이 될 때만이 가장 아름답고 숭고한 가치를 지니게 됩니다.

관계의 도리를 따르라

지도자는 시대의 변화뿐만 아니라 공간과 지위에 맞는 관계의 도리도 잘 알아야 세상을 바르게 이끌 수 있습니다. 땅은 관계를 대표합니다. 관계에 따른 처세의 상식은 곤위지(坤爲地)라고도 불리는 중지곤(重地坤)에 있습니다.

중지곤은 상괘와 하괘가 모두 순음(純陰)으로 구성되어 있습니다. 중천건과 중지곤은 한 쌍으로 존재합니다. 하늘이 없으면 땅이 존재할 수 없고, 땅이 없으면 하늘도 소용이 없기 때문입니다. 중지곤은 하늘의 변화에 순응하며 생명의 관계망을 형성합니다. 생명의 시작은 험난함이 있지만, 자연의 법도에 따르면 결실을 거두기 마련입니다. 중지곤의 괘사는 이 이치를 표현하고 있습니다.

> 곤은 으뜸이고 형통하다. 암말의 지조면 이롭다. 군자가 갈 곳
> 이 있으면, 처음에는 어렵지만 뒤에 얻는 바가 있고 크게 이롭다.
> 서남쪽으로 가면 친구를 얻으나, 동북쪽으로 가면 친구를 잃는
> 다. 마음을 편안히 하고 올곧음을 지키면 길하다.**(坤, 元亨, 利牝**
> **馬之貞. 君子有攸往, 先迷後得主利. 西南得朋, 東北喪朋. 安貞吉)**《주역》

'암말(牝馬)'은 순음의 덕(德)을 대표합니다. 땅은 하늘의 변화에 순응해서 생명을 키워내야만 자연생태계를 형성할 수 있습니다. 한편 생명형성에 가장 중요한 요소는 빛입니다. 그래서 밝은 서남쪽이 어두운 동북쪽보다 유리할 수밖에 없습니다.

관계의 망을 형성할 때, 가장 중요한 덕목은 중지곤 괘사 원문에서 볼 수 있는 '안정(安貞)'입니다. 마음을 편안히 하고, 도리에 맞게 행동을 올곧게 하면, 반드시 좋은 일이 있기 마련입니다. 지도자가 갖추어야 할 통치 덕목 중에서 가장 중요한 요소도 바로 안정(安貞)을 유지하는 것입니다. 사회가 편안하고 풍속(風俗)이 올곧으면, 나라가 크게 발전할 수 있습니다. 이 점에서 지도자의 핵심 덕목은 5효(육오)에 나타나 있습니다.

> 황색 치마와 같은 상태로서 최고로 길하다. 상사에서 이르기

를, 황색 치마와 같은 상태로서 최고로 길하다는 것은 문화 속에 중도의 덕성이 있다는 뜻이다.(黃裳元吉. 象曰, 黃裳元吉, 文在中也)《주역》

황색은 중도의 지혜와 덕성을 상징합니다. 중천건의 핵심이 중도이듯이, 중지곤의 핵심도 중도입니다. 공자의 말씀에서 알 수 있듯이, 우리나라 국운의 척도는 문화의 중도에 있습니다.

노래에서 시작되어 영화, 드라마로까지 확대되는 양상을 보이고 있는 한류의 마지막 종착지는 모든 경계를 뛰어넘는 세계평화사상을 끌어내는 데 있습니다. 우리가 문화와 교육의 강국이 되려면, 지도자가 중도의 도리를 잘 지켜야 합니다. 공자는 지도자가 지녀야 할 중도의 덕목을 다음과 같이 칭송했습니다.

군자는 안팎에서 중도를 꿰뚫어 구현하고, 바른 자리에 처신하므로, 아름다움이 그 가운데 있고, 동시에 사지로 뻗어 나가, 사업에서 발현되므로, 아름다움의 극치에 이른다.(君子黃中通理, 正位居體, 美在其中, 而暢於四支, 發於事業, 美之至也)(문언전)

군자는 중도의 도리를 체득하고 있는 지도자를 의미합니다. 지도자는 중도로 나라 안팎의 모든 경계를 관통하고, 사회 각 분야가 나아갈 위치를 미리 선점하는 지혜를 갖추어야 합니다. 그런 지도자를 우리가 키워낸다면, 우리의 문화는 지극히 아름답게 발현될 것입니다.

상식회복을 위한 인간의 도리

　중천건과 중지곤이 변화의 관계에 대한 지극한 상식, 즉 이치를 말한다면, 상식을 구현하기 위해 인간이 마땅히 해야 할 도리는 뇌산소과(雷山小過)로 설명할 수 있습니다.

　상괘는 움직임(動)을 의미하는 진(震)이고, 하괘는 그침(止)을 뜻하는 간(艮)입니다. 5효(육오)가 비록 중도의 위치에 있지만, 강한 움직임을 제어할 힘이 약합니다. 다행히 2효(육이)가 중정(中正)하기 때문에, 큰 허물은 없는 형국입니다. 괘사도 이런 상황을 설명하고 있습니다.

　소과는 형통하다. 올곧으면 이롭다. 작은 일은 할 수 있지만, 큰일은 할 수 없다. 나는 새가 소리를 남긴다. 올라감은 마땅하지 않고, 내려옴이 마땅하며, 크게 길하다.**(小過, 亨, 利貞, 可小事, 不可大事, 飛鳥遺之音, 不宜上, 宜下, 大吉)**《주역》

　뇌산소과는 인간의 실존상황을 잘 나타내고 있습니다. 인간사회는 늘 밖으로 뻗어 나가려는 작용과 안으로 중심을 잡으려는 반작용이 상존하고 있습니다. 그러나 안팎의 균형이 맞지 않는 것이 현실입니다. 이 불균형으로 인해 사회는 늘상 갈등과 모순으로 요란합니다.

그러나 반대로 보면, 사회의 불균형이 오히려 사회를 발전시키는 원동력이기도 합니다. 상사는 불균형의 이치를 도덕을 향상시키는 데 역(逆)으로 이용하라고 경책하고 있습니다.

상사에서 이르기를, 산 위에 우레가 있는 것이 소과다. 군자는 이로써 행동함에는 공손함을 조금 지나치게 하고, 상사에는 슬픔을 조금 지나치게 하며, 씀씀이에는 검소함을 조금 지나치게 한다.(象曰, 山上有雷, 小過, 君子以行過乎恭, 喪過乎哀, 用過乎儉) 《주역》

진정한 군자는 자신에게 엄격하고, 다른 이에게는 관대합니다. 그러나 우리는 대부분 이와 반대로 하고 있습니다. 석가는 수행자에게 인욕(忍辱)을 강조했는데, 사실 이 덕목은 지도자가 갖추어야 할 정신이기도 합니다.

세상은 작용과 반작용, 움직임과 멈춤, 상승과 하강 등이 서로 맞서고 있습니다. 비록 양자 사이에 완전한 균형을 이루고 있지는 않지만, 조금씩 균형을 맞춰가는 것이 균형의 상식을 이루는 우리의 도리입니다. 아마도 뇌산소과가 주는 가르침이 이 세상에서 우리가 지켜야 할 가장 상식적인 도리가 아닌가 생각됩니다.

인류문명은 원시시대에서 지금까지 진화, 발전해 왔습니다. 문명의 발전에는 불굴의 의지로 세상을 개선시킨 위인들의 노력뿐만 아니라, 일상의 삶을 조금씩 개선시켜 나간 평범한 사람들의 정성도 스며 있습니다.

단순히 물질적인 성공만이 성공은 아닙니다. 진정한 성공은 인류의 삶을 조금씩 개선시키는 데 있습니다. 엄청난 발견, 발명, 또는 공동체 건설 등이 인류의 문명을 전환시켰습니다. 그러나 그에 못지않게 일상의 작은 노력이 모여 인류의 삶을 개선시킨 점도 무시할 수 없습니다.

이 점에서, 성공에 관한 많은 시가 있지만, 그중에서 에머슨의 시라고 알려진 〈무엇이 성공인가〉라는 시도 우리에게 많은 의미를 선사합니다. 뇌산소과와 같은 실존상황에서, 이 시가 인간의 도리를 가장 여실하게 표현하고 있습니다. 한번 감상해보시죠.

자주 그리고 많이 웃는 것
현명한 사람들의 존경을 받고
아이들에게서 사랑을 받는 것
정직한 비평가의 찬사를 듣고
바르지 않은 친구의 배신을 참아내는 것
아름다움을 제대로 볼 줄 알며
다른 사람의 장점을 발견하는 것

건강한 아이를 낳든
조그만 정원을 가꾸든
사회 환경을 개선하든

자기가 태어나기 전보다

세상을 조금이라도 더 좋게 만들고 떠나는 것

자신이 살아온 행적으로 인해서

단 한 사람의 인생이라도 행복해지는 것

이것이 진정한 성공이다.〈무엇이 성공인가〉

사실 이 시는 에머슨의 시가 아닙니다. 베시 스탠리(Bessie Stanley)
가 쓴 글이 여러 사람들의 개작을 거쳐 현재의 시가 되었습니다. 그런
데 묘하게도 시의 내용이 미국의 정신이라고 하는 에머슨의 사상과
일치하고 있습니다.

그래서 이제는 에머슨의 시라고 해도 무방할 정도입니다. 에머슨
의 사상을 일상적인 내용으로 편안하게 표현한 시이기 때문입니다.
구글을 찾아보면, 미국인들 사이에서도 이 시를 에머슨의 시로 소개
한 글들이 많이 있습니다. 우리나라에서는 더욱 그렇습니다. 공영방
송에서 이 시를 에머슨의 시로 소개하기도 하고, 실제로 재력가들이
이 시를 보고 기부를 결심할 정도입니다.

이 시가 끼치는 선한 영향력이 매우 큽니다. 평범한 사람들의 작
은 노력이 모여 좋은 시를 만든 대표적인 사례입니다. 우리 사회도 이
와 같이 평범한 사람들의 선한 영향력이 결집되어 상식적인 사회로
개선되길 바랍니다.

에필로그
진리로 하나 된다

온 세상이 지금 변화의 몸부림을 겪고 있습니다. 코로나는 사회의 대변화가 야기하는 물리적 현상 중 하나로 볼 수 있습니다. 비록 팬데믹으로 인한 경제적 손실과 몸과 마음의 고통이 크지만, 그것이 전부가 아닙니다. 보이지 않는 곳에서 문명의 프레임이 바뀌고 있습니다. 산업체계, 화폐유통 시스템, 문화, 교통, 통신 등 우리의 모든 생활방식과 시스템이 대전환을 맞이하고 있습니다.

코로나가 사회변화에 꼭 부정적이지는 않습니다. 그동안 물질문명이 지나치게 발전해온 과정에서 야기된 병폐가 적지 않습니다. 문명의 갈림길에서 코로나는 우리에게 선택의 시간을 주고 있습니다. 코로나는 인류가 멈추어 서서 되돌아보고 문제의 원인을 치유할 수 있는 시간을 가지는 계기도 될 수 있습니다. 어쩌면 코로나가 더 큰 불행, 말하자면 전면적인 전쟁을 예방하는 역할을 하는지도 모르겠습니다.

에머슨의 정신은 한마디로 실용주의적 중도라고 할 수 있습니다. 그는 관념의 한계를 깨고 모든 종교와 철학의 공통점을 한데 융합하여 초절주의라는 새로운 사상체계를 만들었습니다. 그 핵심은 삶의 양극적 모순을 통합한 진실과 진리입니다. 모든 종교, 체제, 인종 등을 초월해서 인류를 하나로 묶을 수 있는 평범한 사실은 진실한 삶입니다. 이 정신이 인종 백화점이라는 미국을 하나로 융합하고 초거대 국가로 만든 원동력입니다.

우리도 에머슨의 실용주의적 중도 정신을 배울 필요가 있습니다. 우리 것이 좋은 것이 아니라, 좋은 것이 우리 것이 돼야 합니다. 역사는 우리 것과 남의 것이 있을 수 있지만, 우리가 살아야 할 삶에는 우리에게 필요한 것이 무엇이냐가 중요합니다.

따라서 남의 것이라도 이치에 합당하고 좋은 것은 우리 것으로 만들 필요가 있습니다. 물론 그것을 우리의 정서와 현실에 맞게 전환시킬 필요는 있습니다. 더불어 우리 것도 온전한 삶의 도리에 맞지 않고, 좋지 않은 것은 과감히 버려야 합니다.

앞으로 역사나 종교 등의 문제로 서로 싸우지 않기를 바랍니다. 역사, 종교 등의 문제는 그 분야의 전문가에게 맡기고, 우리는 실용적인 관점에서 좋은 것을 추려서 우리 것으로 만들어야 합니다. 더 이상 싸울 시간이 없습니다. 문명의 전환이 바로 앞에 있기 때문입니다.

역(易)이 우리에게 주는 교훈은 문명의 변화에 맞게 미리 준비하고 때에 알맞게 변화하라는 것입니다. 더불어 각자 맡은 일을 자신의 위치에서 성실하고 도리에 맞게 행한다면, 위기가 오히려 기회가 될 수도 있다는 평범한 상식을 말해주고 있습니다.

또한 반대로 말하면, 현재 상황이 극히 좋아도 일상의 도리를 망각하면, 지금의 성공과 행복이 오히려 실패와 불행의 씨앗이 될 수도 있다는 것을 잊지 말아야 합니다. 역(易)의 해석은 반드시 반면(反面)을 음미해야 그 뜻을 온전히 파악할 수 있습니다.

세상은 모순으로 가득합니다. 비록 모순으로 사회갈등이 야기되고 있지만, 모순은 균형조율을 통해서 얻는 공통의 진리로 소통할 수 있습니다. 모순을 균형 잡으려는 우리의 의지와 지혜만 있다면, 우리는 진리의 바다에 함께 이를 수 있습니다.

진리가 우리를 자유롭게 할 것입니다. 대자유가 예수와 석가가 공통으로 추구한 진리입니다. 진리로 우리는 모두 하나가 될 수 있습니다. 진리의 세상이 도래하길 소망합니다.

이 책은 필자가 인간개발연구원(HDI) 경영자연구회에서 2021년

12월 2일에 한 강연을 위해 준비한 원고를 책으로 엮은 것입니다. 이 자리를 빌려서 강의 기회를 주신 한영섭 원장님과 제 소개를 잘 해주신 홍의숙 인코칭 대표님께 감사드립니다. 그리고 인간개발연구원을 설립하고, 평생 인간개발을 위해 애쓰신 고(故) 장만기 선생님께 경의를 표합니다.

인간교육은 한 두 사람의 힘으로 가능하지 않습니다. 이 점에서 많은 분들의 참여가 필요합니다. 다행히 뜻있는 분들이 그동안 이 일에 힘을 주셨습니다. 제가 인간교육에 뜻을 세웠을 때, 인재 10명만 제대로 키워도 이 사회를 변화시킬 수 있다는 제 신념을 믿어 주시고, 가장 먼저 후원을 아끼지 않으셨던 대상그룹 임창욱 회장님께 감사드립니다.

그리고 인간교육에 도움을 주시기로 한 분들에게도 감사드립니다. 신일팜글라스 김석문 회장님, 참한역사신문 발행인 손정금 여사님, 부산포럼 조관홍 대표님, 윌레이션 민경두 대표님, 국제로타리 3640지구(20-21) 노행식 총재님, 노드미디어 박승합 대표님, 이규창 대표님 등께 감사드립니다. 이외에도 정치, 종교 등의 경계를 넘어서 많은 분들이 직접 또는 간접으로 인간교육 프로그램개발에 도움을 주셨습니다. 앞으로도 신인류교육에 함께할, 뜻있는 분들의 많은 참여와 조언을 기다리겠습니다. 작은 힘이 모여서 인간교육의 대업을 완수할 것입니다.

인간교육은 종교, 정치, 지역, 문화, 이념 등의 경계를 넘어 인간의 천부적인 본성과 재능을 회복하기 위한 교육활동입니다. 개인의 잠재력이 활성화되면, 우리 사회에 무한한 창의력이 구현될 수 있습니다. 앞으로 인간교육과 그 정신을 다양하게 표현한 문화가 국가경제뿐만 아니라 세계평화에도 기여하는 날이 오기를 고대합니다.

경계를 넘어 통합을 보다

문명전환기에 지도자가 갖추어야 할 비전과 지혜

발행일 | 2022년 1월 21일

지은이 | 서동석
펴낸곳 | 에머슨하우스 교육연구소
편집제작 | 수작팩토리
디자인 | 얼앤똘비악
출판/마케팅총괄 | 허전

에머슨하우스 교육연구소
주소 | 03012 서울특별시 종로구 진흥로 432, 요진오피스텔 513호(구기동)
전화 | 02-395-8806
팩스 | 02-395-8068
E-mail | eastosuh@hanmail.net(서동석)
          kochinagood@naver.com(허전)
신고번호 | 제 2021-000149호

ISBN 979-11-977263-0-9 (03320)